Ein Mann mit Mitteln

PG Wodehouse

Writat

Diese Ausgabe erschien im Jahr 2023

ISBN: 9789359253725

Herausgegeben von
Writat
E-Mail: info@writat.com

Inhalt

DIE FOLGE DER TOCHTER DER WIRTIN

Erste einer Reihe von sechs Geschichten [Erstveröffentlichung in *Pictorial Review* , Mai 1916]

Als ein Saatguthändler mit vorsichtigem Gemüt und einem Blick auf die große Chance von einem angesehenen Konfitürenhersteller eine extrem große Bestellung für Kleesamen erhält, sind seine Gefühle gemischt. Man könnte sagen, dass die Freude vorherrscht, aber mit der Freude geht auch Unsicherheit einher. Schlagen diese Leute, fragt er sich, vor, sich als Großbauern zu etablieren, oder wollen sie lediglich, dass der Samen ihrer ansonsten kahlen und wenig überzeugenden Himbeermarmelade einen authentischen Eindruck verleiht? Von der Lösung dieses Problems hängt die wichtige Frage des Preises ab, denn natürlich kann man einen betrügerischen Marmeladenverteiler auf eine Weise belasten, die ein ehrlicher Landwirt verärgern würde.

Dies war das Problem, das Herrn Julian Fineberg aus Bury St. Edwards an einem sonnigen Morgen die Stirn runzelte, als Roland Bleke an seine Tür klopfte; und die Schwierigkeit war so groß, dass Mr. Fineberg erst beim neunzehnten Klopfen den Kopf hob.

„Komm rein – dieser verfluchte Specht da draußen!" „„ schrie er, denn es war seine Gewohnheit, sich den jüngeren Mitgliedern seines Stabes gegenüber großzügig auszudrücken.

Der junge Mann, der eintrat, sah genauso aus wie ein zweiter Angestellter im Büro eines Saatguthändlers in der Provinz – was er seltsamerweise auch war. Sein Hauptmerkmal war eine intensive Gewöhnlichkeit. Er war ein junger Mann; und als du das von ihm gesagt hattest, hattest du alles gesagt. Es gab nichts, was Ihnen an ihm aufgefallen wäre, außer der Tatsache, dass es nichts zu bemerken gab. Er war zweiundzwanzig Jahre alt und hieß Roland Bleke .

„Bitte, Sir, es geht um mein Gehalt."

Herr Fineberg riss sich bei diesem Wort zusammen, so wie sich ein britischer Platz in Waterloo beim Anblick eines Geschwaders Kürassiere zusammengerafft haben muss.

"Gehalt?" er weinte. "Was ist damit? Was ist das Problem damit? Du verstehst es, nicht wahr?"

„Ja, Sir, aber –"

"Also? Stehen Sie nicht wie ein Idiot da. Was ist es?"

"Es ist zu viel."

Mr. Finebergs Gehirn schwankte. Es war unwahrscheinlich, dass das Jahrtausend mit einem Ruck hätte kommen können; Andererseits hatte er deutlich gehört, wie sich einer seiner Angestellten darüber beschwert hatte, dass sein Gehalt zu hoch sei. Er hat sich selbst gekniffen.

„Sag das noch einmal", sagte er.

„Wenn Sie einen Weg finden könnten, es zu reduzieren, Sir –"

kam Mr. Fineberg der Gedanke, dass sein Untergebener sich bemühte, humorvoll zu sein, aber ein Blick in Rolands Gesicht zerstreute diese Idee.

„Warum wollen Sie, dass es reduziert wird?"

„Bitte, Sir, ich werde heiraten."

„Was zum Teufel meinst du?"

„Wenn mein Gehalt hundertfünfzig erreicht, Sir. Und jetzt sind es hundertvierzig, wenn Sie also einen Weg finden würden, zehn Pfund abzunehmen …"

Herr Fineberg sah Licht. Er war selbst verheiratet.

„Mein Junge", sagte er freundlich, „ich verstehe es durchaus. Aber ich kann es noch besser machen. Es hat keinen Sinn, so etwas im Kleinen zu tun. Von nun an beträgt Ihr Gehalt hundertzehn. Nein, nein, danken Sie mir nicht. Sie sind ein ausgezeichneter Angestellter, und es ist mir eine Freude, Verdienste zu belohnen, wenn ich sie finde. Schließe die Tür hinter dir."

Und Herr Fineberg wandte sich mit leichterem Herzen dem großen Kleesamenproblem zu.

Die Umstände, die Roland dazu veranlasst hatten, sich an seinen Arbeitgeber zu wenden, seien kurz dargestellt. Seitdem er zum Stab von Mr. Fineberg gestoßen war , hatte er im Haus eines Mr. Coppin gewohnt und eine ehrenvolle Anstellung als Gepäckträger am örtlichen Bahnhof inne. Die Familie Coppin, Haustiere ausgenommen, bestand aus Mr. Coppin, einem freundlichen und geschwätzigen Herrn von sechzig Jahren, Mrs. Coppin, einer etwas negativen Persönlichkeit, deren Leben den größten Teil dem Kochen und Abwaschen in ihrem unterirdischen Versteck gewidmet war, den Brüdern Frank und Percy, ein Gentleman der Freizeit, von dem im Volksmund angenommen wird, dass er einer mysteriösen Beschäftigung nachgeht, die als „ nach etwas Ausschau halten " bekannt ist, und schließlich Muriel.

Bleke nur ein Automat gewesen , ein etwas außerhalb seiner selbst, das nur für ordentlich gedeckte Frühstückstische und das stille Abräumen der

Teller beim Abendessen geschaffen war. Allmählich jedoch, als seine natürliche Schüchternheit durch den Gebrauch so weit gemildert wurde, dass er sie ansehen konnte, als sie das Zimmer betrat, entdeckte er, dass sie ein auffallend hübsches Mädchen war, das nach Norden durch eine Fülle kastanienbrauner Haare begrenzt war Südlich auf kleinen, wohlgeformten Füßen. Sie besaß auch das, was wir wissen – wir sind in diesen Dingen selbst Kinder –, das als RS- VP-Auge bekannt ist. Dieses Auge war Rolands eines Abends begegnet, als er sein Kotelett aß, und bevor er sich versah, was er tat, hatte er bemerkt, dass es ein schöner Tag gewesen sei.

Von diesem wunderbaren Moment an hatten sich die Dinge mit unglaublicher Geschwindigkeit entwickelt. Roland hatte ein gutes Gespür für gesellschaftliche Anstandsregeln und konnte sich nicht dazu durchringen, ein Mädchen zu ignorieren, mit dem er einmal ein lockeres Gespräch über das Wetter geführt hatte. Immer wenn sie kam, um seinen Tisch zu decken, fühlte er sich verpflichtet, etwas zu sagen. Da er kein erfahrener Würger war, fiel es ihm von Abend zu Abend immer schwerer, auf etwas Schönes zu stoßen, bis er sie schließlich aus purem Mangel an Inspiration küsste.

Waren die Dinge zuvor schnell vorangekommen, ging es damals wie ein Blitz. Es war, als hätte er eine Feder berührt oder einen Knopf gedrückt und damit eine riesige Maschinerie in Gang gesetzt. Noch während er angesichts seiner Kühnheit verblüfft zurückschreckte, war der Raum plötzlich voller Coppins aller Arten, die der Wissenschaft bekannt sind. Durch einen Nebel nahm er wahr, wie Mrs. Coppin in einer Ecke weinte, wie Mr. Coppin seine Gesundheit in den Resten von Limado trank , wie die Brüder Frank und Percy auf jeder Seite versuchten, sich gleichzeitig halbe Kronen zu leihen, und wie Muriel , errötet, aber zurückhaltend, machte Brotkügelchen und warf sie geistesabwesend, eins nach dem anderen, der Coppin-Katze zu, die auf der Suche nach Fisch hereingekommen war.

Aus dem Chaos, als er mit offenem Mund dastand und sie ansah, kam das Wort „Verbote" und traf ihn wie ein Ostwindstoß.

Es ist nicht notwendig, Rolands mentale Prozesse von diesem Moment bis zu dem Tag, an dem er bei Herrn Fineberg eine Gehaltskürzung beantragte, im Detail nachzuzeichnen. Es genügt zu sagen, dass er einen ganzen Monat lang außerordentlich glücklich war. Für einen Mann, der nichts mit Frauen zu tun hatte, ist die Verlobung eine berauschende Erfahrung, und für Roland war das Leben zunächst ein einziger langer goldener Glanz. Insgeheim hatte er, wie alle milden Menschen, immer den Wunsch gehegt, von seinen Mitmenschen als Spinner angesehen zu werden; und sein Engagement erfüllte diesen Wunsch. Es war angenehm, die Brüder Frank und Percy wissentlich husten zu hören, als er hereinkam. Es war angenehm, mit einem Mädchen wie Muriel in der Eigenschaft der angenommenen Freierin ins Ausland zu gehen. Vor allem war es angenehm, Muriels Hand zu halten und die kaum verhohlenen Bemühungen von Mr. Albert Potter zu beobachten, seine Demütigung zu verbergen. Albert war Mechaniker in der Automobilfabrik um die Ecke, und Roland hatte sich in seiner Gegenwart bisher immer wie ein Wurm gefühlt. Albert war so höllisch stark, still und effizient. Er konnte ein Auto zerlegen und wieder zusammenbauen. Er konnte durch den dichtesten Verkehr fahren. Er konnte schweigend in Gesellschaft sitzen, ohne dass man sein Schweigen auf Schüchternheit oder Dummheit zurückführen würde. Aber – er konnte sich nicht mit Muriel Coppin verloben. Das war Roland Bleke vorbehalten , dem Verrückten, dem Fleißigen, dem jungen Mann der Dinge. Es war schön und gut, eine Zündkerze auf den ersten Blick von einem Kommutator unterscheiden zu können, aber wenn es zu einem Streit um eine Herzensangelegenheit mit einem Mann wie Roland kam, war Albert an seinem richtigen Platz, nämlich als Dritter an der Spitze.

Hätte er sich weiterhin einfach verloben können, wäre Roland dieser Erfahrung wahrscheinlich nie überdrüssig geworden. Doch das Wort Ehe schlich sich immer mehr in das Familiengespräch ein, und plötzlich überkam Roland Bleke Panik .

Sein ganzes Leben lang hatte er eine Abscheu vor festen Terminen gehabt. Eine Einladung zum Tee eine Woche im Voraus hatte ausgereicht, um ihm das Leben zu vergiften. Er war einer dieser jungen Männer, deren Seelen bei dem Gedanken, einen bestimmten Schritt zu planen, rebellieren. Er konnte spontane Dinge tun, aber Pläne ließen ihn die Nerven verlieren.

Am Ende des Monats schrie sein ganzes Wesen mit gequälter Stimme zu ihm: „Holt mich hier raus!" Tun Sie, was Sie wollen, aber holen Sie mich aus diesem schrecklichen Heiratsgeschäft heraus."

Wenn irgendetwas nötig gewesen wäre, um seinen Wunsch nach Freiheit zu betonen, hätte die Haltung von Frank und Percy es geliefert. Mit jedem Tag machten sie deutlicher, dass der Mann, der Muriel heiratete, für sie kein Unbekannter sein würde. Es würde ihm eine angenehme Aufgabe sein, auch sie in der Art und Weise zu unterstützen, an die sie sich gewöhnt hatten. Sie vermittelten die Idee, dass sie als eine Art Bonus mit Muriel zusammen waren.

Die Familie Coppin war gerade beim High Tea, als Roland nach Hause kam. Als er den Raum betrat, herrschte allgemeines Interesse, denn es war bekannt, dass er an diesem Morgen mit der Absicht gegangen war, sich wegen der wichtigen Angelegenheit einer Gehaltserhöhung an Herrn Fineberg zu wenden. Mr. Coppin nahm die Teetasse von den Lippen. Frank wischte sich den Schwanz einer Sardine aus dem Mundwinkel. Percy aß seinen Schellfisch mit leiser Stimme. Albert Potter, der anwesend war, blickte schweigend finster.

Roland schüttelte den Kopf mit der düstersten Miene, die sein jubelndes Herz zuließe.

„Ich fürchte, ich habe schlechte Nachrichten."

Mrs. Coppin brach in Tränen aus, wie sie es in jeder Krise gewohnt war . Albert Potters Gesicht entspannte sich zu etwas, das einem Lächeln ähnelte.

„Er wird dir deine Gehaltserhöhung nicht geben?"

Roland seufzte.

„Er hat mich reduziert."

„Habe dich reduziert!"

"Ja. Die Zeiten sind derzeit schlecht, deshalb musste er mich auf hundertzehn herabsetzen."

Die versammelten Kiefer der Familie fielen wie ein Kiefer. Muriel selbst schien den Schlag mit Standhaftigkeit zu ertragen, doch die anderen waren fassungslos. Frank und Percy hätten für ein Foto von Männern posieren können, die ihre Füllfederhalter verloren hatten.

Unter dem Tisch fand die Hand von Albert Potter die Hand von Muriel Coppin und hielt sie; und Muriel, das müssen wir leider hinzufügen, drehte sich um und schenkte Albert ein halbes Lächeln des zärtlichen Verständnisses.

„Ich nehme an", sagte Roland, „konnten wir nicht am Hundertzehnten heiraten?"

„Nein", sagte Percy.

„Nein", sagte Frank.

„Nein", sagte Albert Potter.

Sie alle sprachen entschieden, aber Albert war der entschiedenste der drei.

„Dann", sagte Roland bedauernd, „müssen wir leider warten."

Es schien das allgemeine Urteil zu sein, dass sie warten mussten. Muriel sagte, sie dachte, sie müssten warten. Albert Potter, nach dessen Meinung niemand gefragt hatte, war sich ziemlich sicher, dass sie warten mussten. Zwischen Schluchzern stöhnte Mrs. Coppin, dass es das Beste wäre, zu warten. Frank und Percy, die mürrisch Brot und Marmelade verschlangen, sagten, sie müssten vermutlich warten. Und um eine schmerzhafte Szene zu beenden, verließ Roland schweigend den Raum und ging die Treppe hinauf in sein eigenes Quartier.

Auf dem Kaminsims lag ein Telegramm.

„Manche Kerle", sagte er glücklich, als er es öffnete, „hätten so eine Kleinigkeit nicht hinbekommen." Sie hätten sich verraten. Sie würden--"

Der Inhalt des Telegramms verlangte seine Aufmerksamkeit.

Eine Zeit lang teilten sie ihm nichts mit. Das Ding könnte in Hindustani geschrieben worden sein.

Es wäre durchaus angemessen gewesen, wenn es so gewesen wäre, denn es stammte von den Veranstaltern des Calcutta Sweep und es teilte ihm mit, dass er als Inhaber des Tickets mit der Nummer 108.694 Gelatine und in Anerkennung dieser Tatsache einen Scheck dafür gezogen hatte Fünfhundert Pfund würden ihm zu gegebener Zeit überwiesen werden.

Rolands erstes Gefühl war reine Verwirrung. Soweit er sich erinnern konnte, hatte er noch nie mit diesen freizügigen Herren zu tun gehabt. Dann öffnete die Erinnerung ihre Schleusen und katapultierte ihn zurück in einen Morgen vor langer Zeit, als Mr. Finebergs ältester Sohn Ralph, der auf dem Weg durch das Büro ging, um Geld von seinem Vater zu leihen, ihm zehn gegeben hatte Schilling auf ein Stück Pappe werfen und gleichzeitig etwas von einem Fegen sagen. Teilweise aus dem vagen Wunsch heraus, beim Fineberg- Clan zu bleiben, vor allem aber, weil es ihm ziemlich hundehaft vorkam, hatte Roland die zehn Schilling übersprungen; und damit war die Sache, soweit er wusste, erledigt.

Und nun, nach all dieser Zeit, hatte diese einfache Aktion Früchte getragen, in Form von Gelatine und einem Scheck über fünfhundert Pfund.

Rolands nächstes Gefühl war Triumph. Der plötzliche Eingang von Schecks über fünfhundert Pfund im Leben eines Mannes kann zu diesem Ergebnis führen.

Minuten lang freute er sich; Und dann setzte eine Reaktion ein. Fünfhundert Pfund bedeuteten eine Heirat mit Muriel.

Sein Gehirn arbeitete schnell. Er muss diese Sache verbergen. Mit zitternden Fingern tastete er nach seiner Streichholzschachtel, zündete ein Streichholz an und verbrannte das Telegramm zu Asche. Dann fühlte er sich etwas besser und setzte sich, um über die ganze Sache nachzudenken. Seine Meditationen brachten etwas Balsam. Schließlich, so meinte er, ließe sich die Sache ganz leicht geheim halten. Wie angekündigt würde er den Scheck zu gegebener Zeit erhalten und mit dem Fahrrad in die Nachbarstadt

Lexingham fahren und damit ein Bankkonto eröffnen. Niemand würde es erfahren und das Leben würde weitergehen wie bisher.

Er ging zu Bett und schlief friedlich.

Ungefähr eine Woche später wurde er um acht Uhr morgens aus seinem tiefen Schlaf geweckt und stellte fest, dass sein Zimmer voller Coppins war. Mr. Coppin war in einem Nachthemd und seiner Diensthose da. Mrs. Coppin war da und weinte leise in einem braunen Morgenmantel. Modesty hatte Muriel offenbar von der Versammlung ferngehalten, aber die Brüder Frank und Percy standen an seinem Bett, schüttelten ihn an den Schultern und schrien. Mr. Coppin hielt ihm eine Zeitung hin, während er sich blinzelnd aufsetzte.

Diese epischen Momente lassen sich am besten kurz erzählen. Roland nahm die Zeitung, und das erste, was seinem schläfrigen Auge ins Auge fiel und ihm den Schlaf wirksam vertrieb, war diese Schlagzeile:

Romantik des Kalkutta-Gewinnspiels

Und darunter ein weiterer Typ, der fast so groß ist wie der erste:

SCHLECHTER GESCHÄFTSGEBER GEWINNT 40.000 £

Sein eigener Name sprang ihm von der gedruckten Seite entgegen und mit ihm der der treuen Gelatine .

Flug! Das war das Schlüsselwort, das Tag für Tag in Rolands Gehirn hallte. Das wilde Verlangen des gefangenen Tieres, überall zu sein, außer dort, wo es war, hatte ihn überkommen. Er hatte das Stadium überschritten, in dem sein Gewissen ihn hätte seinen Verpflichtungen nachkommen können. Er hatte aufgehört, an irgendetwas und irgendjemanden außer sich selbst zu denken . Alles, was er vom Schicksal verlangte, war, ihn unter allen Bedingungen aus Bury St. Edwards zu entfernen.

Möglicherweise wurde Frank und Percy eine Ahnung von seinem Geisteszustand telepathisch übermittelt, denn es lässt sich nicht leugnen, dass ihr Verhalten zu diesem Zeitpunkt mehr als nur ein wenig an die Polizei erinnerte. Vielleicht war es einfach ihre natürliche Angst, ein Auge auf das zu haben, was sie bereits als ihre eigene private Goldmine betrachteten, die sie so anhänglich machte. Sicherlich gab es keine Stunde des Tages, in der sich nicht der eine oder andere in Rolands unmittelbarer Nähe befand. Ihre Wachsamkeit erstreckte sich sogar bis in die Nachtstunden, und als Roland einmal um zwei Uhr morgens, nachdem er sich schlaflos auf seinem Bett hin und her gewälzt hatte, mit der wilden Idee aufstand, sich aus dem Haus zu stehlen und nach London zu gehen, öffnete sich ihm eine Tür Als er oben an der Treppe ankam, fragte ihn eine Stimme, was er wohl zu tun glaubte. Die Aussage, dass er im Schlaf ging, wurde akzeptiert, aber kühl.

Kurz darauf war Roland, nachdem er den Brüdern mit einer außergewöhnlichen Strategie entkommen und den Bahnhof erreicht hatte, mit seiner Fahrkarte nach London in der Tasche und dem bereits einfahrenden Expresszug in ein Gespräch mit dem alten Mr. Coppin verwickelt , der aus dem Nichts auftauchte, um in einer Rede, die so lange dauerte, bis die Rücklichter des Zuges verschwunden waren und die Brüder Frank und Percy keuchend eintrafen, die hohen Lebenshaltungskosten anzuprangern.

Ein Mann hat nur eine gewisse Fähigkeit, mit dem Schicksal zu kämpfen. Nach dieser letzten Episode gab Roland nach. Nicht einmal die außerordentliche Qual, sich in der Kirche als Junggeselle dieser Gemeinde beschrieben zu hören, mit dem grimmigen Zusatz, dass dies bereits zum zweiten Mal der Fall war, konnte ihn zu einem neuen Vorstoß für die Freiheit bewegen.

Auch wenn der Schatten der Zukunft Rolands Geist fast vollständig ausfüllte, war er dennoch in der Lage, eine gewisse zusätzliche Qual der Gegenwart zu ertragen; Und eines der Dinge, die die Gegenwart für ihn zu einer Quelle des Elends machten, war die Tatsache, dass von ihm erwartet wurde, dass er sich eher wie ein verrückter Millionär benahm als wie ein nüchterner junger Mann, der den Wert des Geldes kannte. Sein Geist, der von Kindesbeinen an auf einen angemessenen Respekt vor dem Penny trainiert worden war, hatte sich noch nicht an den Besitz großer Mittel gewöhnt; und die offene Rolle, die ihm die Familie aufdrängte, entsetzte ihn.

Wenn die Coppins etwas wollten, fragten sie danach; und es schien Roland, dass sie so ziemlich alles wollten. Wenn Mr. Coppin ohne die Hilfe einer goldenen Uhr sein heutiges Alter erreicht hätte, hätte er sich sicherlich bis zum Ende auf Rotguss durchgekämpft. Auf jeden Fall hätte ein Mann seines Alters an Höheres denken sollen als bloße Gauds und Schmuckstücke. Eine ähnliche Kritik galt Mrs. Coppins Forderung nach einem Seidenunterrock, die Roland einfach unanständig fand. Frank und Percy ernährten sich größtenteils von ihnen. Es war Muriel, die den schlimmsten Schlag versetzte, als sie auf einem Mietwagen bestand.

Roland hasste Autos, besonders wenn sie wie dieses von Albert Potter gefahren wurden. Albert, dieser starke, stille Mann, hatte nur eine Möglichkeit, seine Gefühle auszudrücken, nämlich Gas zu geben und den Lack von Straßenbahnwaggons zu rasieren. Die enttäuschte Liebe bereitete Albert zu diesem Zeitpunkt große Beschwerden, und er stellte fest, dass er sich dadurch besser fühlte, wenn er auf zwei Rädern um die Kurven fuhr.

Während Muriel auf diesen Expeditionen neben ihm saß und Roland sich mit Frank und Percy in die Ladefläche quetschte, waren seine Qualen subtil. Er hatte keine Chance zu vergessen, und die einzige Möglichkeit, die Qual vorübergehend zu lindern, bestand darin, die Geschwindigkeit auf sechzig Meilen pro Stunde zu erhöhen.

Auf diese Weise reisten sie in die Nachbarstadt Lexingham , um M. Etienne Feriaud bei seinem Kunststück zuzusehen, den Looping in seinem Flugzeug zu fliegen .

Es war Bruder Franks Idee, dass sie eine Gruppe veranstalten sollten, um Herrn Feriaud aufzusuchen . Frank war einer dieser großzügigen, unverdorbenen Naturen, die niemals *gleichgültig werden* , wenn sie sehen, dass ein Mitmensch das sportliche Risiko beim Harakiri eingeht. Er war eine bekannte Figur auf jeder Wildtierausstellung im Umkreis von fünfzig Meilen, und M. Feriaud zog ihn wie ein Magnet an.

„Der Blighter geht nach oben", erklärte er, als er die Gruppe in die Arena führte, „und dann stellt er sich auf den Kopf und dreht sich im Kreis. Ich habe Bilder davon gesehen."

Es schien, dass Herr Feriaud sogar noch mehr getan hatte. Plakate am Boden kündigten an, dass er gegen fünf Pfund einen Passagier mitnehmen würde. Bisher schien es jedoch nicht so, als hätten es die schlauen Einwohner von Lexingham eilig gehabt , diese Chance auf einen Hauch frischer Luft zu nutzen. M. Feriaud , ein kleiner Mann mit pausbäckigem und liebenswürdigem Gesicht, ging ein wenig enttäuscht umher, signierte Bildkarten und rauchte eine brennende Zigarette .

Albert Potter war verächtlich.

„Viele Kaninchen", sagte er. „Wo ist ihr Mut? Und ich nehme an, sie nennen sich Engländer. Ich würde sehr schnell steigen, wenn ich eine Fünf-Pfund-Note hätte. Ich nenne es eine Schande, einem Franzosen zu erlauben, über uns zu lachen."

Es war eine lange Rede für Mr. Potter und sie löste bei Muriel einen Blick respektvoller Zärtlichkeit aus. „Sie sind so mutig, Mr. Potter", sagte sie.

Ob es die leichte Betonung war, die sie auf das erste Wort legte, oder ob es reine Großzügigkeit war, die ihn dazu trieb, lässt sich nicht sagen; aber Roland brachte die geforderte Summe noch während sie sprach. Er bot es seinem Rivalen an.

Mr. Potter zuckte zusammen, wurde etwas blass, dann richtete er sich auf und winkte mit der Handbewegung ab.

„Ich nehme keinen Gefallen an", sagte er würdevoll.

Es entstand eine Pause.

„Warum tust du es nicht." sagte Albert böse. „Fünf Pfund bedeuten dir nichts."

"Warum sollte ich?"

"Ah! Warum solltest du?"

Es wäre sinnlos zu behaupten, dass Mr. Potters Tonfall freundlich war. Es schmerzte Roland. Es schien ihm, als würde Muriel ihn auf eine unangenehm verächtliche Weise ansehen.

Auf seltsame Weise war er offenbar, ohne dass er dafür etwas getan hätte, zum Gegenstand der Verachtung und des Spottes der Partei geworden.

„Also gut, dann werde ich es tun", sagte er plötzlich.

„Einfach genug, um zu reden", sagte Albert.

Roland schritt mit blassem, aber entschlossenem Gesicht zu der Stelle, wo M. Feriaud höflich strahlend eine Postkarte signierte.

In der elften Stunde schien Muriel ein gewisses Gewissen zu überkommen.

„Lass ihn nicht", rief sie.

Aber Bruder Frank war aus härterem Holz geschnitzt. Genau das war seiner Meinung nach ein vergnüglicher Nachmittag.

Auf so etwas hatte er schon seit Jahren gewartet. Er erlebte jene angenehme Erregung, die eine bestimmte Art von Mensch verspürt, wenn das Opfer eines Mordes in der Morgenzeitung ein Bekannter von ihnen ist.

"Worüber redest du?" er sagte. „Es besteht keine Gefahr. Zumindest nicht viel. Er könnte leicht herunterkommen. Außerdem will er es. Wofür willst du dich einmischen?"

Roland kam zurück. Die Verhandlungen mit dem Vogelmenschen hatten etwas länger gedauert, als man erwartet hätte. Aber andererseits war Herr Feriaud natürlich ein Ausländer und Rolands Französischkenntnisse waren nicht fließend.

Er nahm Muriels Hand.

„Auf Wiedersehen", sagte er.

Er schüttelte dem Rest der Gruppe die Hand, sogar Albert Potter. Es fiel Frank auf, dass er wegen einer Kleinigkeit zu viel Aufhebens machte — und, schlimmer noch, den Beginn des Verfahrens verzögerte.

"Worum geht es?" er forderte an. „Du redest so, als ob wir dich nie wieder sehen würden."

"Man weiß nie."

„Es ist so sicher wie im Bett."

„Aber für den Fall, dass wir uns nie wiedersehen –"

„Na ja", sagte Bruder Frank und nahm die ausgestreckte Hand.

Die kleine Gruppe stand da und sah zu, wie sich das Flugzeug schnell über den Boden bewegte, aufstieg und in die Luft flog. Höher und höher stieg es, bis die Gesichtszüge der beiden Insassen fast unsichtbar waren.

„Jetzt", sagte Bruder Frank. "Nun schau. Jetzt wird er die Schleife wiederholen."

Aber die Räder des Flugzeugs zeigten immer noch auf den Boden. Es wurde immer kleiner. Es war nur ein Fleck.

„Was zum Teufel?"

Weit im Westen zeichnete sich etwas gegen das Blau des Himmels ab – etwas, das ein Vogel, ein Spielzeugdrachen oder ein Flugzeug sein könnte , das schnell in den Sonnenuntergang flog.

Vier Augenpaare folgten ihm in verzücktem Schweigen.

DIE EPISODE DES FINANZIELLEN NAPOLEON

Zweite einer Reihe von sechs Geschichten [Erstveröffentlichung in *Pictorial Review* , Juni 1916]

Windlebird , der große Finanzier , saß beim Frühstück mit seiner Frau auf der Veranda mit Blick auf die sanften Rasenflächen und grünen Wälder seines charmanten Hauses in Sussex und genoss die Morgensonne in vollen Zügen. Seine pausbäckigen Gesichtszüge entspannten sich zu einem Lächeln träger Zufriedenheit; und seine Frau, die manchmal gerne als seine Sekretärin fungierte, fand es schwierig, ihn dazu zu bringen, seiner Morgenpost Aufmerksamkeit zu schenken.

„In der heutigen Ausgabe von *Financial Argus gibt es eine Kolumne* ", sagte sie, „die Sie wirklich zur Kenntnis nehmen müssen. Es ist äußerst beleidigend. Es geht um das Wildcat Reef. Sie behaupten, dass es in der Mine nie Gold gab und dass Sie es wussten, als Sie das Unternehmen an die Börse brachten."

„Sie werden ihren kleinen Scherz haben."

„Aber Sie hatten das übliche Gutachten eines Bergbauexperten."

„ Natürlich hatten wir das. Und es war ein großartiger Bericht. Ich erinnere mich, dass ich damals dachte, was für eine nette Wendung der Kerl hatte. Ich gebe zu, dass er sich mehr auf seinen guten Optimismus als auf eine Untersuchung der Mine verließ. Tatsächlich kam er nie in die Nähe davon. Und warum sollte er? Es ist irgendwo unten in Südamerika. Schreckliches Klima – Schlangen, Mücken, Revolutionen, Fieber."

Mr. Windlebird sprach schläfrig. Seine Augen schlossen sich.

„Nun, die Argus-Leute sagen, dass sie einen eigenen Mann dorthin geschickt haben, um Nachforschungen anzustellen, einen bekannten Experten, und der Bericht wird in den nächsten zwei Wochen vorliegen. Sie sagen, dass sie es in ihrer übernächsten Ausgabe veröffentlichen werden. Was werden Sie dagegen tun?"

Mr. Windlebird gähnte.

„Um es nicht zu genau zu formulieren, Liebste, das Spiel ist aus. Der Napoleon der Finanzen steht vor seinem Waterloo. Und das alles für zwanzigtausend Pfund. Das ist das wirklich Bittere daran. Morgen segeln wir nach Argentinien. Ich habe die Tickets."

„Du machst Witze, Geoffrey. Sie müssen in der Lage sein, zwanzigtausend aufzubringen. Es ist ein Flohbiss."

„Auf dem Papier – in Form von Aktien, Skripten, Anleihen, Schuldscheinen – ist es ein Flohbiss. Aber wenn es im Rohzustand, in flachen, harten Goldklumpen oder in knisternden Banknoten hergestellt werden muss, ähnelt es eher einem Nilpferdbiss. Ich kann es nicht erhöhen, und das ist alles. Also – St. Helena für Napoleon."

Obwohl Geoffrey Windlebird sich selbst als „Napoleon der Finanzen" bezeichnete, wäre die Bezeichnung „ Cinquevalli " oder „Chung Ling Soo der Finanzen" zutreffender gewesen. Als Jongleur mit fremdem Geld war er der Klassenbeste. Und doch war seine Methode, wenn man sie untersuchte, erfreulich einfach. Nehmen wir zum Beispiel an, dass der von Geoffrey in einem Moment der Langeweile gegründete Home-grown Tobacco Trust nicht die Gewinne erwirtschaftete, die der glänzende Prospekt die Öffentlichkeit erwartet hatte. Geoffrey würde die aufgeregten Aktionäre besänftigen, indem er ihnen Vorzugsaktien (verzinslich garantiert) der Sea-Gold Extraction Company gab, die hastig aufgelegt wurden, um der Notlage zu begegnen. Wenn die Zinsen fällig würden, würden sie höchstwahrscheinlich aus dem soeben für die King Solomon's Mines Exploitation Association gezeichneten Kapital bezahlt werden, wobei der kleine Mangel in der letzteren wiederum ersetzt würde, wenn es absolut notwendig sei und nicht einen Moment vorher , durch die Übertragung eines Teils des gerade aufgenommenen Kapitals an ein anderes Unternehmen. Und so weiter, bis ins Unendliche. Es gab Momente, in denen es Herrn Windlebird so vorkam , als hätte er das Problem der ewigen Beförderung gelöst.

Das Einzige, was einen Siegeszug wie den von Mr. Windlebird aufhalten kann , ist, wenn ein unhöflicher Mensch sich weigert, sich an die Regeln zu halten, und Bargeld statt Anteile am nächsten Unternehmen verlangt. Das war jetzt passiert und hatte Mr. Windlebird wie eine Lawine niedergedrückt.

Er war Philosoph, aber es ärgerte ihn ein wenig darüber, dass die Forderung, die ihn zugrunde gerichtet hatte, so trivial gewesen war. Er hatte Millionen bewältigt – auf dem Papier zwar, aber immer noch Millionen –, und jetzt wurde er von lächerlichen zwanzigtausend Pfund aus der Zeit geworfen.

„Sind Sie absolut sicher, dass nichts getan werden kann?" beharrte Frau Windlebird . „Hast du alles probiert?"

„Alles, lieber Mond meiner Freude – das Wahrscheinliche , das Mögliche , das höchst Unwahrscheinliche und das Unmögliche . Niemals ein Echo auf das Werbelied des Minnesängers. Nein, meine Liebe, dieses Mal müssen wir uns auf die Boote begeben. Es sei denn natürlich, jemand, der gleichzeitig zwanzigtausend Pfund besaß und ein sehr zutrauliches Wesen hatte, fällt zufällig aus den Wolken."

Während er sprach, flog ein Flugzeug über die Baumwipfel hinter dem Tennisrasen. Anmutig wie ein Vogel ließ er sich auf dem glatten Rasen nieder, keine zwanzig Meter von seinem Platz entfernt.

Roland Bleke trat steif auf den Tennisrasen hinaus. Sein Fortschritt ähnelte eher dem eines Landmanns, der aus einem offenen Boot steigt, in dem er eine lange und gefährliche Nacht auf See verbracht hat. Er fühlte sich elender als je zuvor in seinem Leben. Er hatte eine schwere Erkältung. Er hatte heftige Kopfschmerzen. Seine Hände und Füße waren gefroren. Seine Augen brannten. Er war hungrig. Er war durstig. Er hasste den fröhlichen Herrn Feriaud , der ausgestiegen war und jetzt damit beschäftigt war, am Motor zu basteln, mit einem fröhlichen provenzalischen Ausdruck auf seinen Lippen, so wie er selten jemanden gehasst hatte , nicht einmal Muriel Coppins Bruder Frank.

Windlebirds Herannahen erst bemerkte, als der Schatten dieses angenehmen, beleibten Mannes auf den Rasen vor ihm fiel.

„Hatten Sie hoffentlich keinen Unfall, Herr Bleke ?"

Roland war zu sehr in seinem Elend, um darüber zu spekulieren, wie dieser freundliche Fremde seinen Namen kennenlernte. Tatsächlich hatte Mrs. Windlebird , eine begeisterte Kennerin der illustrierten Presse, Roland an seinem Foto im Daily Mirror erkannt. Im Laufe des zwanzig Meter langen Spaziergangs vom Haus zum Tennisplatz hatte sie ihrem Mann die wichtigsten Punkte in Rolands Geschichte nähergebracht. Als Mr. Windlebird hörte, dass Roland vierzigtausend Pfund auf der Bank hatte, richtete er sich auf und wurde aufmerksam.

„Führe mich zu ihm", sagte er schlicht.

Roland nieste.

„Das ist ein Unfall ", antwortete er kläglich. „ Mit den Worgs ist etwas schief gelaufen , aber es ist nichts Ernstes, Pech gehabt."

M. Feriaud , der inzwischen den Defekt an seinem Motor behoben hatte, stand auf und verneigte sich.

„Entschuldigen Sie, wenn wir auf Ihren Rasen kommen. Aber es dauert nicht lange, bis wir eindringen. Sehen Sie, *Mann ami* ", sagte er strahlend zu Roland, „jetzt ist alles in Ordnung. Wir machen weiter."

„Nein", sagte Roland entschieden.

"NEIN? Was meinst du – nein?"

Feriauds wettergegerbten Gesichtszügen legte sich ein Anflug von Besorgnis . Der bedeutende Vogelmensch wollte sich nicht von Roland trennen. Roland gegenüber fühlte er sich wie ein Bruder, denn Roland hatte Vorstellungen über die Bezahlung kleiner Flugreisen , die an fürstliche grenzten.

„Aber du sagst – nimm mich mit nach Frankreich –"

"Ich weiß. Aber es ist alles aus. Ich fühle mich nicht gut."

„Aber es ist alles falsch." M. Feriaud gestikulierte, um seinen Standpunkt deutlich zu machen. „Sie geben mir hundert Pfund, damit ich Sie von Lexingham wegbringen kann . Gut. Es ist hier." Er schlug sich auf die Brusttasche. „Aber die anderen zweihundert Pfund , die du mir auch zu zahlen versprichst, wenn ich dich sicher in Frankreich unterbringe, wo ist das, mein Freund?"

„Ich gebe dir zweihundertfünfzig", sagte Roland ernst, „damit du mich hier lässt und sofort gehst und mich deine scheußliche Maschine nie wieder sehen lässt."

Ein Lächeln brüderlicher Vergebung erhellte das Gesicht von Herrn Feriaud . Die großzügige gallische Natur setzte sich durch. Er streckte Roland liebevoll die Arme entgegen.

„Ah, jetzt redest du. Jetzt sagst du etwas", rief er auf seine ungestüme Art. "Umarme mich. Du bist in Ordnung."

Roland atmete erleichtert auf, als das Flugzeug fünf Minuten später über der Kuppe des Hügels verschwand. Dann fing er wieder an zu niesen.

„Es geht Ihnen nicht gut, wissen Sie", sagte Mr. Windlebird .

„Ich habe mich erkältet. Wir sind die ganze Nacht herumgeflogen – dieser Franzose hat die Orientierung verloren – und mein Anzug ist dünn. Können Sie mir den Weg zu einem Hotel weisen?"

"Hotel? Unsinn." Mr. Windlebird sprach mit der schroffen, luftigen Stimme, die bei vielen angeschlagenen Vorstandssitzungen verzweifelte Aktionäre wie durch Zauberei beruhigt hatte. „Du kommst sofort in mein Haus und legst dich ins Bett."

Erst als er zwischen den Laken lag, mit einer Wärmflasche an den Zehen und einem riesigen Frühstück in sich, erfuhr Roland den Namen seines barmherzigen Samariters. Als er das tat, war sein erster Impuls, sich aus dem Bett zu kämpfen und zu fliehen. Geoffrey Windlebirds Name war ein Name, den er im Laufe seiner kaufmännischen Laufbahn sozusagen als einen der mächtigsten Geschäftsköpfe seiner Zeit verehren lernte.

Einen so bedeutenden Mann in der Funktion eines Invaliden treffen zu müssen, ein Ärgernis für das Haus, war für Rolands schrumpfende Natur fast zu viel. Die Freundlichkeit der Windlebirds – und es schien nichts zu geben, was sie nicht bereit wären, für ihn zu tun – beunruhigte ihn über alle Maßen. Es war fast schrecklich, einen wirklich großartigen Mann wie Geoffrey Windlebird dabei zu haben , wie er sich gemütlich auf seinem Bett ausstreckte und plauderte, als wäre er ein gewöhnlicher Freund. Diese Herablassung war zu viel.

Allmählich, als er sich erholte, stellte Roland fest, dass dieses Gefühl durch etwas Angenehmeres ersetzt wurde. Sie waren ein so aufrichtiges, einfaches, freundliches Paar, diese Windlebirds , dass er die Ehrfurcht verlor und nur noch Dankbarkeit übrig hatte. Er liebte sie beide. Er öffnete ihnen sein Herz. Es dauerte nicht lange, bis er ihnen die Geschichte seiner Karriere erzählt hatte, wobei er die früheren Jahre übersprang und mit dem Eintritt des Reichtums in sein Leben begann.

„Es macht einen komisch", vertraute er Mr. Windlebirds mitfühlendem Ohr an, „plötzlich in so einen Topf voller Geld zu geraten." Du scheinst es kaum zu begreifen. Ich weiß nicht, was ich damit machen soll."

Mr. Windlebird lächelte väterlich.

„Der Rat eines älteren Mannes, der, wenn ich so sagen darf, ein wenig Erfahrung im Finanzwesen hat, könnte Ihnen dabei nützlich sein. Wenn Sie mir vielleicht gestatten würden, eine sinnvolle Investition zu empfehlen ..."

Roland strahlte vor Dankbarkeit.

„Es gibt nur eine Sache, die ich gerne tun würde, bevor ich anfange, mein Geld in irgendetwas zu investieren. Es ist so."

Er erzählte kurz die Geschichte seiner unglücklichen Affäre mit Muriel Coppin. Innerhalb einer Stunde nach seinem Abflug im Flugzeug begann ihn sein Gewissen in diesem Punkt zu beunruhigen. Er hatte das Gefühl, dass er sich Muriel gegenüber nicht gut verhalten hatte. Zwar war er sich praktisch sicher, dass sie sich überhaupt nicht um ihn kümmerte und in Albert, den stillen Mechaniker, verliebt war, aber es bestand durchaus die Möglichkeit, dass sie über seinen Verlust trauerte; und außerdem hatte er ein schlechtes Gewissen.

„Ich würde ihr gerne etwas schenken", sagte er. "Wieviel denkst du?"

Mr. Windlebird war dran.

„Ich werde dir sagen, was ich tun werde. Ich werde meinen eigenen Anwalt zu ihr schicken, mit, sagen wir mal, tausend Pfund – kein Scheck, verstehen Sie, sondern tausend goldene Sovereigns, die er ihr zeigen kann –, die vor ihren Augen auf dem Tisch herumrollen. Das wird sie trösten. Es ist wunderbar, welche Wirkung Geld pur auf die Menschen hat."

„Ich mache lieber zweitausend", sagte Roland. Er hatte Muriel nie wirklich geliebt, und der Gedanke, sie zu heiraten, war für ihn ein Albtraum gewesen; aber er wollte sich ehrenvoll zurückziehen.

„Sehr gut, machen Sie zweitausend, wenn Sie möchten. Allerdings weiß ich nicht genau, wie alt Harrison das ganze Geld tragen wird."

Tatsächlich musste der alte Harrison es nie versuchen. Als Mr. Windlebird darüber nachdachte, nachdem er Rolands Scheck eingelöst hatte, kam er zu dem Schluss, dass siebenhundert Pfund genau so viel Geld wären, wie Miss Coppin auf einmal hätte haben können.

Mr. Windlebirds Menschenkenntnis war nicht schuld. Muriel stürzte sich auf das Geld und ein Brief in ihrer Handschrift teilte Roland am nächsten Morgen mit, dass seine Schiefertafel sauber sei. Seine Dankbarkeit gegenüber Herrn Windlebird verdoppelte sich.

„Und jetzt", sagte Mr. Windlebird freundlich, „können wir über Ihr Geld und die beste Art, es zu investieren, sprechen." Was Sie wollen, ist etwas, das, ohne in irgendeiner Weise spekulativ zu sein, dennoch einen fairen und angemessenen Zinssatz abwirft. Was Sie wollen, ist etwas Gesundes, etwas Festes, aber auch etwas mit einem gewissen Kick, etwas, das nicht untergehen kann und wie eine Rakete in die Höhe schnellen kann."

Roland verkündete leise, dass es genau das sei, was er wollte, und zündete sich eine weitere Zigarre an.

„Nun, schau mal, Bleke , mein Junge, in der Regel gebe ich keine Trinkgelder – aber ich habe großes Gefallen an dir gefunden, Bleke , und ich werde meine Regel brechen. Stecken Sie Ihr Geld –" er senkte seine Stimme zu einem überzeugenden Flüstern – „stecken Sie jeden Penny, den Sie sich leisten können, in Wildcat Reefs."

Er lehnte sich mit der gütigen Miene des Alchemisten zurück, der gerade seinem Lieblingsschüler das kürzlich entdeckte Geheimnis des Steins der Weisen verraten hat.

„Vielen Dank, Herr Windlebird ", sagte Roland dankbar. "Ich werde."

Die napoleonischen Züge wurden durch dieses seltene, nachsichtige Lächeln aufgehellt.

„Nicht so schnell, junger Mann", lachte Mr. Windlebird . „Der Einstieg in die Wildcat Reefs ist nicht ganz so einfach, wie Sie denken. Sollen wir sagen, dass Sie beabsichtigen, dreißigtausend Pfund zu investieren? Ja? Sehr gut, dann. Dreißigtausend Pfund! Wenn sich herausstellen würde, dass Sie Wildcat Reefs in dieser Größenordnung kaufen würden, würde der Markt in Aufruhr geraten."

Das stimmte vollkommen. Wenn es dazu gekommen wäre, dass jemand dreißigtausend Pfund – oder Pence – in Wildcat Reefs investieren würde, wäre der Markt sicherlich in Aufruhr geraten. Das Haus hätte vor Lachen geschüttelt. Wildcat Reefs war ein ständiger Witz – außer für die wenigen unglücklichen, die noch Anteile besaßen.

„Die Sache muss sehr vorsichtig angegangen werden. Niemand darf es wissen. Aber ich denke – ich sage, ich denke – ich kann das für Sie erledigen."

„Sie sind schrecklich nett, Mr. Windlebird ."

„Überhaupt nicht, mein lieber Junge, überhaupt nicht. Tatsächlich werde ich gleichzeitig einem anderen meiner Freunde eine große Freude bereiten." Er füllte sein Glas. „Das –", er hielt inne, um zu nippen – „ Dieser Kumpel von mir hat einen großen Bestand an Wildkatzen." Er möchte es realisieren, um das Geld in etwas anderes zu stecken, an dem er persönlicher interessiert ist." Mr. Windlebird hielt inne. Seine Gedanken verweilten einen Moment bei seinem überzogenen Girokonto bei der Bank. „Woran er persönlicher interessiert ist", wiederholte er verträumt. „Aber natürlich konnte man Wildcats im Wert von dreißig Pfund nicht auf dem öffentlichen Markt abladen."

„Das verstehe ich durchaus", stimmte Roland zu.

„Es könnte jedoch durch private Verhandlungen geschehen", sagte er. „Ich muss sehr vorsichtig handeln. Geben Sie mir heute Abend Ihren Scheck über die Dreißigtausend, und ich werde morgen früh in die Stadt rennen und sehen, was ich tun kann.

Er hat es getan. Welche verborgenen Fäden er zog, welche Hebel er benutzte, wusste Roland nicht. Alles, was Roland wusste, war, dass Mr. Windlebird es irgendwie und auf subtile Weise geschafft hatte. Zwei Tage später überreichte ihm sein Gastgeber zwanzigtausend Ein-Pfund-Aktien der Wildcat Reef Goldmine.

„Da, mein Junge", sagte er.

„Das ist furchtbar nett von Ihnen, Mr. Windlebird ."

„Mein lieber Junge, erwähne es nicht. Wenn Sie zufrieden sind, bin ich sicher.“

Mr. Windlebird sagte immer die Wahrheit, wenn er konnte. Er sprach es jetzt.

Im Laufe der Tage kam es Roland so vor, als könne nichts den angenehmen, einfachen Lebensverlauf bei den Windlebirds beeinträchtigen . Das schöne Wetter, der schöne Garten, die angenehme Gesellschaft – all diese Dinge machten diesen Aufenthalt zu einer Epoche in seinem Leben.

Er entdeckte seinen Fehler eines schönen Nachmittags, als er rauchend auf der Terrasse saß. Mrs. Windlebird kam zu ihm und ein Blick genügte, um Roland zu zeigen, dass etwas ernsthaft nicht stimmte. Ihr Gesicht war abgespannt und müde.

Einen Moment zuvor hatte Roland geglaubt, das Leben sei perfekt. Das einzige, was mich störte, war das Fehlen einer Abendzeitung. Mr. Windlebird würde eines mitbringen, wenn er aus der Stadt zurückkäme, aber Roland wollte jetzt eines. Er war ein großer Anhänger des County Cricket und wollte wissen, wie sich Surrey gegen Yorkshire schlägt. Aber selbst dieses zerknitterte Rosenblatt war geglättet worden, denn Johnson, der Bräutigam, der zufällig in die nächste Stadt ritt, um etwas zu erledigen, hatte versprochen, eines mitzubringen. Er könnte jetzt jeden Moment auftauchen.

Der Anblick seiner Gastgeberin vertrieb alle Gedanken an Sport aus seinem Kopf. Sie sah furchtbar besorgt aus.

Roland wurde plötzlich klar, dass sowohl sein Gastgeber als auch seine Gastgeberin am Abend zuvor beim Abendessen ungewöhnlich still gewesen waren; und später, als er auf dem Weg zu Bett an Mr. Windlebirds Zimmer vorbeikam, hatte er ihre leisen und aufgeregten Stimmen gehört. Könnten sie schlechte Nachrichten erhalten haben?

"Herr. Bleke , ich möchte mit dir sprechen.“

Roland bewegte sich wie eine mitfühlende Kuh und wartete darauf, mehr zu hören.

„Du warst nicht wach, als mein Mann heute Morgen in die Stadt aufgebrochen ist, sonst hätte er es dir selbst gesagt. Herr Bleke , ich weiß kaum, wie ich es Ihnen beibringen soll.“

„Brich es mir!“

„Mein Mann hat Ihnen geraten, eine sehr große Summe Geld in eine Mine namens Wildcat Reefs zu stecken.“

"Ja. Dreißigtausend Pfund.“

„So viel! Oh, Herr Bleke !"

Sie begann leise zu weinen. Sie drückte seine Hand. Roland starrte sie an.

"Herr. Bleke , es gab einen schrecklichen Einbruch in Wildcat Reefs. Heute könnten sie absolut wertlos sein."

Roland fühlte sich, als ob ihm eine kalte Hand auf den Rücken gelegt worden wäre.

„ Wer wertlos!" er stammelte.

Mrs. Windlebird sah ihn mit feuchten Augen an.

„Sie können sich vorstellen, was mein Mann darüber denkt. Auf seinen Rat hin haben Sie Ihr Geld investiert. Er macht sich direkt verantwortlich. Er ist in einem schrecklichen Geisteszustand. Er ist außer sich. Er hat Sie so sehr liebgewonnen, Herr Bleke , dass er den Gedanken kaum ertragen kann, dass er der unschuldige Instrument Ihres Ärgers war."

Roland fand, dass es ein bewundernswerter Vergleich war. Seine Empfindungen waren genau die eines Hauptdarstellers bei einem Erdbeben. Die feste Erde schien unter ihm zu schmelzen.

„Wir haben gestern Abend, nachdem Sie zu Bett gegangen waren, darüber gesprochen und sind zu dem Schluss gekommen, dass es nur einen ehrenvollen Schritt zu tun gab. Wir müssen Ihre Verluste ausgleichen. Wir müssen diese Aktien zurückkaufen."

Ein Hoffnungsschimmer begann sich über Rolands Horizont zu schleichen.

„Aber –" begann er.

„Es gibt wirklich kein Aber, Herr Bleke . Wir würden keiner von uns auch nur eine Minute Ruhe erfahren, wenn wir es nicht täten. Sie haben also dreißigtausend Pfund für die Aktien bezahlt, sagten Sie? Nun", sie hielt ihm einen rosa Zettel hin , „ das wird alles wieder in Ordnung bringen."

Roland blickte auf den Scheck.

„Aber – aber das ist von Ihnen unterschrieben", sagte er.

"Ja. Wenn Geoffrey einen Scheck über diesen Betrag unterschreiben müsste, würde das bedeuten, dass er einen Teil seiner Aktien verkauft, und in seiner Position, in der jede Bewegung von Feinden beobachtet wird, kann er es sich nicht leisten, das zu tun. Es könnte die Pläne von Jahren ruinieren. Aber ich habe etwas eigenes Geld. Mein ausverkaufter Vorrat spielt keine

Rolle, wissen Sie. Ich habe den Scheck eine Woche nachdatiert, um mir Zeit zu geben, herauszufinden, in welche Wertpapiere mein Geld investiert ist."

Rolands ganze Natur empörte sich über dieses Opfer. Wenn es sein Gastgeber gewesen wäre, der dieses Angebot gemacht hätte, hätte er es angenommen. Aber die Ritterlichkeit verbot ihm, einer Frau dieses Geld abzunehmen. Ein Hauch von Selbstaufopferung erfüllte ihn. Was war denn das Geld von ihm? Es hatte ihm nie Spaß gemacht. Er kannte es so wenig, dass es praktisch nie sein Eigentum gewesen wäre.

Mit einer Geste, die ihn einst sehr positiv beeindruckt hatte, als sie der Held der Nummer zwei der Gruppe von „The Price of Honor", die Bury St. Edwards einige Monate zuvor einen sechstägigen Besuch abgestattet hatte, auf der Bühne zur Schau gestellt hatte, er riss den Scheck in kleine Stücke.

„Ich konnte es nicht akzeptieren, Mrs. Windlebird ", sagte er. „Ich kann Ihnen nicht sagen, wie sehr ich Ihre wunderbare Freundlichkeit schätze, aber ich konnte es wirklich nicht. Ich habe die Aktien mit offenen Augen gekauft. Die ganze Sache ist niemandes Schuld und ich kann dich nicht dafür leiden lassen. Nach der Art und Weise, wie Sie mich hier behandelt haben, wäre es unmöglich. Ich kann dein Geld nicht annehmen. Das ist überaus edel und großzügig von dir, aber ich kann es nicht akzeptieren. Ich habe noch ein wenig Geld übrig, und ich war es sowieso immer gewohnt, für meinen Lebensunterhalt zu arbeiten, also – also ist es in Ordnung."

"Herr. Bleke , ich flehe dich an."

Roland war furchtbar verlegen. Er suchte nach rechts und links nach einem Fluchtweg. Er konnte kaum auf die Beine kommen, und doch schien es keinen anderen Weg zu geben, das Interview zu beenden. Dann bemerkte er mit einem Anflug von Erleichterung, wie Johnson, der Bräutigam, mit der Abendzeitung auf ihn zukam.

„Johnson sagte, er würde in die Stadt gehen", sagte Roland entschuldigend, „also habe ich ihn gebeten, mir eine Abendzeitung zu besorgen. Ich wollte die Ergebnisse des Mittagessens sehen."

Wenn er damals seine Gastgeberin angesehen hätte, was er energisch vermied, hätte er vielleicht einen merkwürdigen Krampf über ihr Gesicht laufen sehen. Mrs. Windlebird wurde ganz blass und setzte sich plötzlich auf den Stuhl, den Roland zu Beginn ihres Gesprächs verlassen hatte. Sie legte sich mit geschlossenen Augen darin zurück. Sie sah müde und besiegt aus.

Roland nahm das Papier mechanisch entgegen. Er wollte es lediglich als Ablenkung vom Gespräch nutzen, denn sein Interesse an den Ereignissen in Surrey und Yorkshire war im Wettbewerb mit Mrs. Windlebirds Nachrichten bis zu dem Punkt völliger Gleichgültigkeit zurückgegangen.

Ebenso mechanisch entfaltete er es und warf einen Blick auf die Titelseite. und als er das tat, traf ihn eine Flut von Schlagzeilen ins Auge.

Aus der Explosion entstand das Wort „WILD-CATS".

"Warum!" er rief aus. „Hier auf der Titelseite gibt es Kolumnen über Wildkatzen!"

"Ja?" Mrs. Windlebirds Stimme klang seltsam dumpf und tonlos. Ihre Augen waren immer noch geschlossen.

Roland nahm die Schlagzeilen mit erstarrten Augen wahr.

DIE WILD-CAT-REEF-GOLDMINE

EIN ANDERES KLONDIKE

WILDE SZENEN AN DER BÖRSE

MAKLER KÄMPFEN UM AKTIEN

REKORDBOOM

Beispielloser Preisanstieg

Ohne alle überflüssigen Adjektive und allgemeinen journalistischen Überschwang hatte die Zeitung ihren Lesern folgendes zu verkünden:

Der „Sonderkommissar", den The Financial Argus entsandt hat

Machen Sie eine umfassende Untersuchung der Wild-Cat Reef Mine – mit

zweifellos der liebenswürdige Anblick des explodierenden Mr. Geoffrey Windlebird

ein für alle Mal mit der vertrauensvollen britischen Öffentlichkeit – hat herausgefunden,

Zu seinem grenzenlosen Erstaunen stellte er fest, dass es Unmengen davon gibt

Gold in der Mine.

Die Entdeckung des neuen Riffs, das größte und reichste, das es gibt

angegeben, seit dem berühmten Mount Morgan, geschah mit dramatischen

Angemessenheit am Tag seiner Ankunft. Wir brauchen kaum

Erinnern Sie unsere Leser daran, dass Wild-cat Reef bis zu diesem Moment Anteile hatte

hatte einen sehr niedrigen Wert erreicht und nur wenige Optimisten hielten daran fest

ihr Vertrauen in die Mine. Als größter Inhaber Herr Windlebird

Wir gratulieren herzlich zu diesem Neuzugang

Vermögen.

Die Veröffentlichung des Expertenberichts in The Financial Argus hat

führte zu einem Boom bei Wildkatzen, wie es ihn selten gegeben hat

an der Börse gesehen worden. Von etwa einem Schilling

und Sixpence pro Bündel sind die Ein-Pfund- Aktien auf fast gestiegen

zehn Pfund pro Aktie, und selbst bei dieser letztgenannten Zahl waren es die Leute

im wahrsten Sinne des Wortes darum kämpfen, sie zu sichern.

Die Welt schwamm um Roland. Er war verblüfft und sogar verängstigt. Die Atmosphäre schien neblig zu sein. Soweit sein schwankendes Gehirn es sich vorstellen konnte, schätzte er, dass er jetzt etwa zweihunderttausend Pfund wert war.

„Oh, Mrs. Windlebird ", rief er, „es ist doch alles in Ordnung."

Mrs. Windlebird lehnte sich in ihrem Stuhl zurück, ohne zu antworten.

„Alles ist in Ordnung " , schrie Roland freudig. „Wenn ich ein paar Hunderttausend verdient habe, was muss Mr. Windlebird dann verdient haben? Hier steht, dass er der größte Inhaber ist. Er muss das Größte seines Lebens geschafft haben."

Er dachte einen Moment nach.

„Der Kerl, der mir leid tut", sagte er nachdenklich, „ist Mr. Windlebirds Kumpel. Du weisst. Der Kerl, den Mr. Windlebird überredet hat, alle seine Anteile an mich zu verkaufen."

Ein leises Stöhnen kam über die blassen Lippen seiner Gastgeberin. Roland hörte es nicht. Er las die Cricket-Nachrichten.

DIE EPISODE DES THEATERISCHEN UNTERNEHMENS

Dritte einer Reihe von sechs Geschichten [Erstveröffentlichung in *Pictorial Review* , Juli 1916]

Es war eines dieser harten, genoppten Brötchen. Die besten Restaurants verlangen Sixpence für den gesunden Menschenverstand, sie nicht zu essen. Es traf Roland Bleke mit erheblicher Heftigkeit auf dem Nasenrücken. Im Moment glaubte Roland, dass das Dach des Regent-Grill-Raums eingestürzt sein musste; und da dies automatisch das Ende der Party bedeuten würde, war es ihm nicht ganz leid. Er war noch nie zuvor auf einer Theater-Abendessenparty gewesen, und schon fünf Minuten nach seiner Ankunft auf der jetzigen Party verspürte er den starken Wunsch, nie wieder auf eine Theater-Abendessenparty zu gehen. Um bei diesen schwulen Zusammenkünften erfolgreich zu sein, muss man über Mut verfügen; und Roland war, was auch immer seine anderen herausragenden Qualitäten sein mochten, ein wenig zu knapp.

Der junge Mann auf der anderen Seite des Tisches war sehr nett dazu. Obwohl er sich nicht wirklich entschuldigte, ging er so weit, zu erklären, dass es der „alte Gerry" gewesen sei, den er im Kopf gehabt habe, als er mit dem Rollenspiel begonnen hatte. Nach einem Blick auf den alten Gerry – ein kinnloses Kind von etwa neunzehn Jahren – kam Roland zu dem Schluss, dass es unhöflich wäre, auf einen jungen Mann wütend zu sein, dessen Absichten so absolut bewundernswert gewesen waren. Der alte Gerry hatte eines dieser Gesichter, in dem jede Veränderung, selbst die verhältnismäßig begrenzte, die eine Rolle bewirken konnte, zwangsläufig zum Besseren ausfallen musste. Er lächelte kränklich und sagte, dass das egal sei.

Das charmante Wesen, das links von seinem Angreifer saß, sah die Situation jedoch ernster.

„Sidney, du machst mich müde", sagte sie streng. „Wenn ich gedacht hätte, dass Sie nicht wissen, wie man sich wie ein Gentleman verhält , wäre ich nicht mit Ihnen hierher gekommen. Gehen Sie irgendwohin, bewerfen Sie sich mit Brot und bitten Sie Herrn Bleke, zu mir zu kommen und sich neben mich zu setzen. Ich will mit ihm sprechen."

Das war Rolands erste Bekanntschaft mit Miss Billy Verepoint .

„Ich wollte schon den ganzen Abend mit Ihnen plaudern, Herr Bleke ", sagte sie, während Roland errötend in den leeren Stuhl sank. „Ich habe so viel über dich gehört."

Was Miss Verepoint über Roland gehört hatte, war, dass er zweihunderttausend Pfund hatte und offenbar nicht wusste, was er damit anfangen sollte.

„Tatsächlich hätte ich nicht zu dieser Party kommen sollen, wenn mir nicht gesagt worden wäre, dass du hier sein würdest. Ich kann diese Ansammlungen von Nüssen im Mai grundsätzlich nicht ertragen. Sie langweilten mich steif."

Roland revidierte hastig seine erste Einschätzung des Theaterberufs. Einige von ihnen mochten zweifellos oberflächliche, hohlköpfige Kreaturen sein, aber es gab Ausnahmen. Hier war ein Mädchen mit echtem Urteilsvermögen – eine nachdenkliche Kennerin des Charakters – ein Mädchen, das verstand, dass ein Mann bei einer Abendessengesellschaft sitzen konnte, ohne ein Wort zu sagen, und dennoch ein Mann mit Talent sein konnte.

„Ich fürchte, Sie werden mich für sehr freimütig halten – aber das bin ich ganz und gar. Alle meine Freunde sagen: „Billy Verepoint ist ein lustiges Mädchen: Wenn sie jemanden mag, sagt sie es ihm einfach direkt; und wenn sie jemanden nicht mag, sagt sie es ihm auch direkt.'"

„Und eine sehr bewundernswerte Eigenschaft", sagte Roland begeistert.

Miss Verepoint seufzte. „ Vielleicht ist es das", sagte sie nachdenklich, „aber ich fürchte, es ist der Grund, warum ich meinen Beruf nicht ausüben konnte. Managern gefällt das nicht: Sie meinen, Mädchen sollten gesehen und nicht gehört werden."

Rolands Blut kochte. Die Manager waren eindeutig eine heimtückische Truppe.

„Aber was nützt es, sich Sorgen zu machen", fuhr Miss Verepoint mit einem mutigen, aber hohlen Lachen fort. „Natürlich ist es ermüdend, warten zu müssen, wenn man so viel Ehrgeiz hat wie ich; Aber sie alle sagen mir, dass meine Chance eines Tages kommen wird .

Die intensive Trauer in Miss Verepoints Gesichtsausdruck schien anzudeuten, dass sie die Ankunft des gewünschten Tages in mindestens sechzig Jahren erwartete. Roland war zutiefst bewegt. Sein ritterliches Wesen war in Aufruhr. Er begann sich zu fragen, ob er irgendetwas tun könnte, um diesem Opfer von Ungerechtigkeit im Management zu helfen. „Es macht dir nichts aus, wenn ich über meine Probleme rede, oder?" fragte Miss Verepoint besorgt. „Man trifft so selten jemanden, der wirklich mitfühlend ist."

Roland brabbelte inbrünstige Zusicherungen, und sie drückte ihm dankbar die Hand.

„Ich frage mich, ob Sie eines Nachmittags Lust hätten, zum Tee zu kommen", sagte sie.

„Oh, eher!" sagte Roland. Er hätte es gerne geschliffener ausgedrückt, aber er war fast nicht mehr in Worte zu fassen.

„Natürlich weiß ich, was für ein vielbeschäftigter Mann Sie sind –"

„Nein, nein!"

„Nun, ich sollte morgen Nachmittag da sein, wenn Sie Lust hätten, vorbeizuschauen."

Roland meckerte dankbar.

„Ich schreibe Ihnen die Adresse auf", sagte Miss Verepoint plötzlich sachlich.

Wann genau er sich zum Kauf des Windsor Theatre verpflichtete, konnte Roland nie sagen. Die Idee schien ohne vorherige Diskussion ausgewachsen zu sein. In einem Moment war es nicht so – im nächsten war es so. Seine Erinnerungen an den Nachmittag, den er damit verbrachte, lauwarmen Tee zu trinken und Miss Verepoints Redefluss mit „Ja" und „ Nein " zu unterbrechen, waren immer so völlig durcheinander, dass er nicht einmal wusste, wessen Vorschlag es war.

Der Kauf eines West-End-Theaters ist, wenn man über das nötige Geld verfügt, bei weitem nicht so kompliziert, wie sich der Laie vorstellen könnte. Roland war überwältigt von der Schnelligkeit, mit der die Transaktion durchgeführt wurde. Das Theater gehörte ihm, bevor ihm klar wurde, dass er das Ding überhaupt nicht kaufen wollte. Er war in die Büros von Mr. Montague gegangen mit der Absicht, ein Angebot für den Mietvertrag für, sagen wir, sechs Monate zu machen; und dieser Zauberer hatte ihn innerhalb von weniger als einer Stunde nicht nur dazu gebracht, mysteriöse Dokumente zu unterzeichnen, die ihn zum alleinigen Eigentümer des Hauses machten, sondern ihm auch das Gefühl vermittelt, dass er einen äußerst klugen Geschäftsabschluss gemacht hatte. Mr. Montague hatte sich im Laufe seiner Zeit in vielen Berufen versucht, vom Straßenhändler aufwärts, aber was er wirklich am besten konnte, war Hypnose.

Obwohl er sich, nachdem Mr. Montagues Anziehungskraft entzogen wurde, eher wie ein nervöser Mann fühlte, dem eine fremde Frau ein großes Baby auf den Arm gegeben hat, das prompt um die Ecke verschwunden ist, tröstete Roland das Lob einigermaßen ihm von Miss Verepoint verliehen . Sie sagte, es sei viel besser, ein Theater zu kaufen, als es zu mieten, denn dann entgehe man der hohen Miete. Es war fadenscheinig, aber Roland hatte das vage Gefühl, dass irgendwo in der Argumentation ein Fehler steckte; und von diesem Punkt an könnte man sagen, dass ein Schatten auf die Helligkeit des Unternehmens gefallen sei.

Er wäre noch weniger selbstgefällig gewesen, wenn er den Ruf des Windsor Theatre gekannt hätte. Als relativer Fremder in der Metropole war ihm nicht bewusst, dass das Theater in Theaterkreisen den Spitznamen „The Mugs' Graveyard" trug – ein Titel, der ihm nicht ohne Grund verliehen wurde. Ursprünglich von einem leicht verrückten alten Herrn erbaut, dessen Haupttäuschung darin bestand, dass das Publikum sich nach einer ständigen Versorgung mit dem Höheren Drama sehnte, und insbesondere nach jenen Exemplaren des Höheren Dramas, die praktisch ohne Unterlass aus der ruhelosen Feder des verrückten alten Herrn flossen selbst war das Windsor Theatre mit der Beweglichkeit einer goldenen Uhr in einer Versammlung von Rennbahndieben von Hand zu Hand gegangen. Die einzige Angst des unglücklichen Mannes, der durch einen Zufall in den Besitz des Windsor Theatre gelangte, bestand darin, es jemand anderem zu überlassen. Der einzige wirklich dauerhafte Mieter, den es jemals hatte, war der Vertreter des offiziellen Insolvenzverwalters.

Für das phänomenale Unglück des Theaters wurden verschiedene Gründe angeführt, aber der entscheidende Einwand gegen es als Tempel des Dramas lag zweifellos in der Tatsache, dass niemand jemals den Ort finden konnte, an dem es versteckt war. Die Taxifahrer schüttelten in den seltenen Fällen, in denen sie gebeten wurden, dort mitzufahren, den Kopf. Es ist bekannt, dass Entdecker, für die ein Spaziergang durch den australischen Busch ein Kinderspiel war, eine Stunde auf der Spur verbrachten und am Ausgangspunkt wieder ankamen.

Es war genau diese Eigenschaft der Flüchtigkeit, die Herrn Montague zuerst angezogen hatte. Er war ein weitsichtiger Mann und für ihn waren die topografischen Vorzüge des Theaters enorm. Es war weiter von einer Feuerwache entfernt als jedes andere Gebäude mit dem gleichen Versicherungswert in London, auch wenn man das Geheimnis um seinen Verbleib unberücksichtigt ließ. Nach einem guten Abendessen lehnte er sich oft bequem in seinem Stuhl zurück und sah im Rauch seiner Zigarre eine Vision vom fröhlich lodernden Windsor Theatre, während zerstreute Feuerwehrmänner wie verrückt durch ganz London galoppierten und vergeblich versuchten, jemanden zu finden, der ihnen den Weg dorthin weist Schauplatz der Feuersbrunst. Also kaufte Herr Montague das Theater nur für ein Lied und machte sich bereit, loszulegen.

Zu seinem Pech waren zuerst die Vertreter der verschiedenen Feuerwehren beschäftigt, mit denen er seine Politik durchgesetzt hatte. Die großzügigen Kerle bestanden darauf, ihm die Verantwortung für den

Unterhalt des Feuerwehrmanns abzunehmen, dessen ständige Anwesenheit in einem Theater gesetzlich vorgeschrieben ist. Nichts würde sie zufriedenstellen, als eigene Feuerwehrleute einzusetzen und ihre Gehälter zu bezahlen. Für einen Mann, bei dem die Instinkte des Phönix so stark entwickelt waren wie bei Mr. Montague, war dies ausgesprochen beunruhigend. Er sah, dass er mit dem Geschäft keinen Gewinn erzielen würde – etwas, das ihm noch nie zuvor passiert war.

Und dann trat Roland Bleke auf, und Mr. Montagues Überzeugung, dass seine Rasse wirklich auserwählt war, wurde wiederhergestellt. Er verkaufte das Windsor Theatre für 25.000 Pfund an Roland. Es waren fünfzehntausend Pfund mehr, als er selbst dafür ausgegeben hatte, und dieser sehr erfreuliche Gewinn milderte das leichte Bedauern, das er empfand, als es darum ging, die Versicherungspolicen an Roland zu übertragen. Für ein so notorisch wertloses Gebäude wie das Windsor Theatre Policen in Höhe von etwas mehr als siebzigtausend Pfund abgeschlossen zu haben, war eine Leistung, auf die Herr Montague zu Recht stolz war, und es schien ihm traurig, dass so viel ernsthafte Anstrengung vergeudet werden musste .

Während des kleinen Mittagessens, mit dem sie sich freundlicherweise von Roland unterhalten ließ, um den Kauf des Theaters zu feiern, erläuterte Miss Verepoint ihre Politik.

„Was wir in diesem Theater aufführen müssen“, verkündete sie, „ist eine Revue. Eine Revue“, wiederholte Miss Verepoint und machte, während sie sprach, kleine Berechnungen auf der Rückseite der Speisekarte, „wir könnten ungefähr fünfzehnhundert pro Woche laufen – oder, sagen wir, zweitausend.“

Zweitausend zu sagen, dachte Roland bei sich, ist nicht ganz dasselbe wie zweitausend zu zahlen, warum sollte sie sich also zurückhalten?

„Ich kenne zwei Jungs, die uns eine Top-Revue schreiben könnten“, sagte Miss Verepoint . „Sie würden sich auch ausbreiten, wenn es um mich ginge. Sie sind in mich verliebt – beide. Wir sollten uns am besten sofort mit ihnen in Verbindung setzen.“

Für Roland schien der Klang des Wortes „Berührung“ etwas Unheilvolles an sich zu haben, aber er sagte nichts.

„Na, da sind sie – dort drüben essen sie zu Mittag!“ rief Miss Verepoint und zeigte auf einen Nachbartisch. „Ist das nicht ein Glücksfall?“

Für Roland war das Glück nicht ganz so offensichtlich, aber er widersprach Miss Verepoints Vorschlag, sie an ihren Tisch zu bringen, nicht.

Die beiden Jungen, deren Fähigkeiten, eine Top-Revue zu schreiben, Miss Verepoint so optimistisch eingeschätzt hatte, erwiesen sich als erwachsene Burschen von etwa fünfundvierzig bzw. vierzig Jahren. Von den beiden war Roland der Meinung, dass RP de Parys vielleicht um eine Spur der widerwärtigere war, aber bei genauerem Hinsehen hatte er das Gefühl, dass diese feinen Unterscheidungen gegenüber Männern mit so gleichen Talenten ein wenig unfair waren. Bromham Rhodes lief seinem Freund so dicht auf den Fersen, dass es praktisch zu einem toten Rennen kam. Sie waren beide dick und hatten etwas große Augen. Dies lag daran, dass die Revue-Schrift von ihren Vertretern die ständige Assimilation von Speisen und Getränken verlangt. Bromham Rhodes hatte den größten Appetit in London; aber andererseits war RP de Parys ein besserer Trinker.

„Na, liebes altes Ding!" sagte Bromham Rhodes.

„Na, altes Kind!" sagte RP de Parys.

Beide Bemerkungen waren an Miss Verepoint gerichtet . Das talentierte Paar schien sich der Existenz Rolands nicht bewusst zu sein.

Miss Verepoint schlug den Geschäftston an. „Jetzt hört auf, Jungs", sagte sie. „Binden Sie sich Gewichte und lassen Sie sich auf diese Stühle fallen. Ich möchte, dass ihr zwei Jungs eine Revue für mich schreibt."

"Erfreut!" sagte Bromham Rhodes; "Aber--"

„Da ist zunächst der unbedeutende Punkt, der angesprochen werden muss —", sagte RP de Parys.

„Woher kommt das Geld?" sagte Bromham Rhodes.

„Mein Freund, Mr. Bleke , stellt das Geld bereit", sagte Miss Verepoint würdevoll. „Er hat das Windsor Theatre übernommen."

Das bis dahin träge Interesse der beiden Autoren an ihrem Gastgeber steigerte sich schlagartig. "Hat er? Von Jove!" Sie weinten. „Wir müssen zusammenkommen und das besprechen."

Es war Rolands erste Erfahrung mit einem theatralischen Gespräch, und er hat es nie vergessen. Zwei solche Redner wie Bromham Rhodes und RP de Parys waren im gesamten Theater Londons kaum zu finden. An nichts, so schien es, konnte das begabte Paar überhaupt denken, ohne zuvor den Vorschlag in all seinen Aspekten zu diskutieren. Die Menge an Essen, die Roland im Laufe dieser Debatten zu sich nehmen musste, war erschreckend. Die Diskussionen, die beim Mittagessen begannen, wurden fortgesetzt, bis es Zeit war, das Abendessen zu bestellen; und dann müssten sie höchstwahrscheinlich bis zum Abendessen dort sitzen, um die Frage gründlich zu klären.

Die Zusammenstellung einer Besetzung war eine noch kompliziertere Angelegenheit als die eigentliche Zusammenstellung der Revue. Es gab die fast unüberwindliche Schwierigkeit, dass Miss Verepoint jeden vorgeschlagenen Namen entschieden ablehnte. Es schien praktisch unmöglich, in ganz England oder Amerika einen Mann oder eine Frau zu finden, deren besondere Begabungen oder deren Fehlen Miss Verepoint nicht daran hindern würden , die Hauptrolle zufriedenstellend zu spielen. Für Roland war das alles sehr verwirrend; aber da Miss Verepoint eine Expertin in Theaterfragen war, fühlte er sich kaum berechtigt, ihre Ansichten in Frage zu stellen.

Ungefähr zu dieser Zeit machte Roland Miss Verepoint einen Heiratsantrag . Der Lauf der Zeit und die Anstrengung, während der Revue zu reden, hatten seine ursprüngliche Leidenschaft bis zu einem gewissen Grad gemildert. Er hatte sich von einer leidenschaftlichen Hingabe über verschiedene schwächer werdende Nuancen der Achtung für sie zu einer Art blassem Sonnenuntergangsglühen der Zuneigung entwickelt. Sein Hauptgrund für seinen Vorschlag war, dass es seiner Meinung nach in der natürlichen Reihenfolge der Ereignisse lag. Ihre Miene ihm gegenüber war deutlich besitzergreifend geworden. Sie nannte ihn nun in der Öffentlichkeit „Rollenspiel" – ein Vorgehen, das bei ihm gemischte Gefühle hervorrief. Außerdem hatte sie sich angewöhnt, ihn herumzukommandieren, was, wie jeder weiß, bei Damen im Theaterberuf ein unverkennbares Zeichen der Zuneigung ist. Schließlich hatte Roland auf seine ritterliche Art ein wenig Angst, er könnte Miss Verepoint kompromittieren . Jeder wusste, dass er das Geld für die Revue aufbrachte, in der sie auftreten sollte; man sah sie ständig zusammen in Restaurants; Die Leute sahen böse aus, wenn sie mit ihm über sie sprachen. Er musste sich fragen: Benahm er sich wie ein perfekter Gentleman? Die Antwort war verneinend. Er nahm ein Taxi zu ihrer Wohnung und machte ihr einen Heiratsantrag, bevor er seine Entscheidung bereuen konnte.

Sie akzeptierte ihn. Einen Moment lang war er sich nicht sicher, ob er froh war oder ob es ihm leid tat. „Aber ich möchte nicht heiraten", fuhr sie fort, „bis ich meine Berufswahl begründet habe. Sie müssen warten, bis mir diese Revue gelungen ist."

Roland war schockiert, als er feststellte, dass er über dieses Zugeständnis enorm erleichtert war.

Die Revue nahm Gestalt an. Anscheinend gab es eine Handvoll Künstler, gegen die Miss Verepoint nichts einzuwenden hatte, und diese – ein struppiger, aber selbstbewusster Haufen – wurden sofort engagiert. Bleiche Amerikaner kamen aus dem Nichts mit Liedern, Tänzen und Ideen für

Effekte. Bühnenbildner mit zerzausten Haaren kamen herein, Modelszenen unter dem Arm. Eine große Wolke von Chordamen ließ sich wie Fliegen über dem Theater nieder. Sogar Bromham Rhodes und RP de Parys – diese menschlichen Pythons – zeigten Anzeichen von Aktivität. Eines Tages stellten sie Roland in der Nähe von Swan und Edgar in die Enge, führten ihn in den Piccadilly Grill-Raum und lasen ihm bei einem herzhaften Mittagessen Auszüge aus einem mit braunem Papier bedeckten Manuskript vor, das, wie sie ihm sagten, der erste Akt war.

Es sah aus wie ein ramponiertes Manuskript, und das war auch zu Recht so. Unter verschiedenen Titeln und zu verschiedenen Zeiten wurde die erste Tat von Bromham Rhodes und RP de Parys von praktisch jedem verantwortlichen Manager in London abgelehnt. Als „Oh! Was für ein Leben!" es war nicht gelungen, die Direktoren des Imperiums zufriedenzustellen. Umgetauft „Wow-Wow!" es war von der Alhambra abgelehnt worden. Das Hippodrom hatte sich geweigert, darüber nachzudenken, selbst unter dem Namen „Hallo, Kellerklappe!" Es hieß jetzt: „Geben Sie es bitte weiter !" und war laut den Autoren eine echte Revue.

Roland sollte im Laufe der Tage lernen, dass in der Welt, in der er sich bewegte, alles echte Revue war, die kein Stunt oder ein verwirrender Effekt war. Er taumelte in einem Meer aus echter Revue, Stunts und spektakulären Effekten. Soweit er es beurteilen konnte, bestand der Hauptunterschied zwischen diesen Dingen darin, dass eine echte Revue etwas war, das aus einer früheren englischen Produktion gestohlen worden war, während ein Stunt oder ein Corking-Effekt etwas war, das aus New York geplündert worden war. Eine vernünftige Mischung davon, so wurde ihm klar gemacht, sei genau das, was die Öffentlichkeit wollte.

Die Proben begannen nach Rolands Meinung, bevor seine kleine Armee ausreichend mit Munition versorgt war. Zwar gab es den ersten Akt, aber selbst die Autoren waren sich einig, dass dieser in Teilen modernisiert werden müsse. Sie erklärten, dass es gewissermaßen ihr Lebenswerk sei, dass sie eigentlich vor etwa zehn Jahren damit begonnen hätten, als sie noch unvorsichtige Jungs waren. Zwangsläufig wurde es hier und da mit smarten aktuellen Hits aus den frühen Jahren des Jahrhunderts gesichtet; aber das, sagten sie, wäre in Ordnung. Sie könnten es an ein paar Abenden auffrischen; Es ging lediglich darum, Anspielungen auf Pro-Buren zu streichen und stattdessen Zeilen über Marconi-Aktien und Mangelwurzeln einzufügen . „Es wird alles gut", versicherten sie Roland; „Das ist eine echte Revue."

In schwierigen Zeiten gibt es immer einen Punkt, an dem man sagen kann: „Hier ist der Anfang vom Ende." Dieser Punkt kam Roland zu Beginn der Proben. Bis dahin war ihm die schreckliche Natur der Produktion, für die er sich verantwortlich gemacht hatte, noch nicht ganz klar. Darüber hinaus waren es die Proben, die ihm einen ersten klaren Einblick in die Figur der Miss Verepoint verschafften .

Miss Verepoint war bei den Proben nicht in Bestform. Als Roland sie beobachtete, hatte Roland zum ersten Mal das Gefühl, dass die Manager, die sie so konsequent im Hintergrund gehalten hatten, einen Grund dafür hatten. Miss Verepoint , um den Fachausdruck zu verwenden, warf ihr ganzes Gewicht hin. Im Drehbuch des ersten Akts von „Pass Along, Please !" gab es nicht viele gute Zeilen. aber nach denen, die da waren, streckte sie ihre Hand aus und entriss sie ihren Besitzern, die sich finster und murmelnd in die Ecken zurückzogen wie Hunde, denen die Knochen geraubt wurden. Sie hat jeden brüskiert, auch Roland.

Roland saß in der kalten Dunkelheit der Ställe und beobachtete sie voller Panik. Wie eine eisige Welle hatte es ihn erfasst, was die Ehe mit diesem Mädchen bedeuten würde. Plötzlich wurde ihm klar, wie im Wesentlichen häusliche Instinkte waren. Das Leben mit Miss Verepoint bedeutete ständige Abendessen in Restaurants, Abendessen mit Brotwerfen, Autofahrten – alles, was er am meisten hasste. Dennoch war er als Ehrenmann an sie gebunden. Wenn die Revue ein Erfolg war, würde sie ihn heiraten – und Revuen, das wusste er, waren immer Erfolge. In diesem Moment liefen in verschiedenen Theatern sechs „beste Revuen Londons". Er schauderte bei dem Gedanken, dass es in ein paar Wochen sieben sein würden.

Er verspürte eine Sehnsucht nach ländlicher Einsamkeit. Er wollte ein oder zwei Tage allein sein, an einem Ort, an dem es keine Zeitungen mit Revuenanzeigen, keine Grillräume und vor allem keine Miss Billy Verepoint gab . In dieser Nacht stahl er sich in ein Dorf in Norfolk, wo er in glücklicheren Tagen einst einen Sommerurlaub verbracht hatte – ein friedlicher, primitiver Ort, an dem die Bewohner echte Revue nicht von einer verkorkenden Wirkung unterscheiden konnten.

Hier lag Roland eine Woche lang versteckt, während seine zitternden Nerven sich allmählich erholten. Er kehrte glücklicher, aber auch etwas besorgt nach London zurück. Abgesehen von einem kurzen Abschiedstelegramm hatte er sieben Tage lang nicht mit Miss Verepoint kommuniziert, und die Erfahrung hatte ihm bewusst gemacht, dass sie eine Dame war, die ein angemessenes Maß an Aufmerksamkeit verlangte.

Dass sein Nervensystem noch nicht vollständig wiederhergestellt war, wurde ihm klar, als er auf dem Weg zu seiner Wohnung am Piccadilly entlangging; denn als ihm plötzlich jemand heftig zwischen die Schulterblätter schlug, stieß er einen unterdrückten Schrei aus und sprang in die Luft.

Als er sich zu seinem Angreifer umdrehte, traf er auf den freundlichen Blick von Mr. Montague, seinem Vorgänger im Besitz des Windsor Theatre.

Mr. Montague war überaus freundlich und gratulierte aus irgendeinem mysteriösen Grund.

„Du hast es geschafft, oder? Du hast es geschafft, oder? Und im ersten Monat – bei George! Und ich habe dich für den schlichten, gewöhnlichen Becher des Kommerzes gehalten! Mein Junge, du bist so tiefsinnig, wie sie nur sein können . Wer hätte das gedacht, dich anzusehen? Es war die großartigste Idee, die jemals jemand hatte, und sie starrte mir die ganze Zeit ins Gesicht, und ich habe sie nie gesehen! Aber ich gönne es dir nicht – du hast es verdient, mein Junge! Du bist ein Spinner!"

„Ich weiß wirklich nicht, was du meinst."

„Ganz richtig, mein Junge!" kicherte Mr. Montague. „Du hast vollkommen recht, wenn du so weitermachst, auch unter Freunden. Es lohnt sich nicht, etwas zu riskieren, und das wird, gelinde gesagt, am schnellsten behoben."

Er machte sich auf den Weg und ließ Roland völlig verwirrt zurück.

Stimmen aus seinem Wohnzimmer, unter denen er den hohen Ton von Miss Verepoint erkannte , erinnerten ihn an die Tortur, die vor ihm lag. Er trat mit, wie er hoffte, nachlässiger Leichtigkeit ein, aber sein Herz klopfte schnell. Seit Beginn der Proben hatte er großen Respekt vor Miss Verepoints Zunge entwickelt. Sie saß in seinem Lieblingssessel. Es waren auch Bromham Rhodes und RP de Parys anwesend, die es sich mit ein paar seiner Zigarren und Whisky aus der ältesten Kiste ganz gemütlich gemacht hatten.

„Hier seid ihr also endlich!" sagte Miss Verepoint mürrisch. „Der Parkservice sagte uns, dass Sie heute Morgen zurückerwartet würden, also haben wir gewartet. Wo um alles in der Welt bist du schon gewesen, als du so wortlos weggelaufen bist?"

„Ich bin nur gegangen –"

„Nun, es spielt keine Rolle, wohin du gegangen bist. Der wichtigste Punkt ist: Was werden Sie dagegen tun?"

„Wir dachten, wir sollten besser vorbeikommen und darüber reden", sagte RP de Parys.

„Worüber reden?" sagte Roland: „Die Revue?"

„Oh, versuchen Sie nicht, lustig zu sein, um Himmels willen!" schnappte Miss Verepoint . „Es passt nicht zu dir. Du hast nicht die richtige Kopfform. Worüber wollen wir wohl reden? Natürlich im Theater."

„Was ist mit dem Theater?"

Miss Verepoint sah ihn forschend an. „Lesen Sie nie die Zeitungen?"

„Ich habe seit meiner Abreise keine Zeitung mehr gesehen."

„Nun, es ist besser, es schnell zu haben und keine Zeit damit zu verschwenden, es sanft zu zerbrechen", sagte Miss Verepoint . „Das Theater ist niedergebrannt – das ist passiert."

"Abgebrannt?"

"Abgebrannt!" wiederholte Roland.

„Das habe ich gesagt, nicht wahr? Die Suffragetten haben es geschafft. Sie hinterließen Kopien von „Votes for Women" über dem Ort. Die Dummköpfe zündeten auch zwei andere Theater an, aber sie befanden sich zufällig in Hauptverkehrsstraßen und die Feuerwehr hatte sie sofort unter Kontrolle. Ich nehme an, sie konnten das Windsor nicht finden. Wie dem auch sei, es ist bis auf die Grundmauern niedergebrannt und wir wollen wissen, was Sie dagegen unternehmen werden?"

Roland war viel zu sehr damit beschäftigt, die guten Engel von Kingsway zu segnen, um sofort zu antworten. RP de Parys, mitfühlende Seele, hat sein Schweigen falsch ausgelegt.

„Armer alter Roly !" er sagte. „Es hat ihn ziemlich kaputt gemacht. Das Beste, was wir tun können, ist, im Savoy bei einem kleinen Mittagessen darüber zu reden."

„Nun", sagte Miss Verepoint , „was werden Sie tun – das Windsor wieder aufbauen oder versuchen, ein anderes Theater zu bekommen?"

Die Autoren waren alle für den Wiederaufbau des Windsor. Es würde zwar einige Zeit dauern, wäre aber in jeder Hinsicht zufriedenstellender. Außerdem wäre es zu dieser Jahreszeit nicht einfach, sich kurzfristig ein weiteres Theater zu sichern.

Für RP de Parys und Bromham Rhodes schien die Zerstörung des Windsor Theatre weniger eine Katastrophe als vielmehr ein direktes Eingreifen der Vorsehung zu sein. Die Fertigstellung dieses ermüdenden zweiten Akts, der wie eine hässliche Wolke über ihrem Leben gebrütet hatte, konnte nun auf unbestimmte Zeit verschoben werden.

„Natürlich", sagte RP de Parys nachdenklich, „macht es unser Vertrag mit Ihnen für Sie zur Pflicht, unsere Revue bis zu einem bestimmten Datum zu produzieren – aber ich wage zu behaupten, Bromham, wir könnten Roly dort treffen, nicht wahr?"

"Sicher!" sagte Rhodes. „Etwas Nominales, sagen wir, weitere fünfhundert Gebühren würden uns zufriedenstellen. Ich denke sicherlich, dass es besser wäre, das Windsor wieder aufzubauen, nicht wahr, RP?“

„Das tue ich“, stimmte RP de Parys herzlich zu. „Siehst du, Roly , unsere Revue wurde so geschrieben, dass sie zum Windsor passt. Es wäre sehr schwierig, es für die Produktion in einem anderen Theater zu ändern. Ja, ich bin mir sicher, dass der Wiederaufbau des Windsor Ihr bester Weg wäre.“

Es entstand eine Pause.

„Was denkst du, Pummelchen?“ fragte Miss Verepoint , da Roland kein Zeichen gab.

„Nichts würde mich mehr erfreuen, als das Windsor wieder aufzubauen, ein anderes Theater zu übernehmen oder irgendetwas anderes zu tun, um dem Wunsch zu entsprechen“, sagte er fröhlich. „Leider habe ich kein Geld mehr zum Verbrennen.“

Es war, als wäre plötzlich eine Bombe im Raum explodiert. Eine schreckliche Stille legte sich über seine Zuhörer. Im Moment sprach niemand. RP de Parys erwachte aus einem wunderschönen Traum von Garnelen-Curry und Bromham Rhodes vergaß, dass er seit fast zwei Stunden kein Essen mehr probiert hatte. Miss Verepoint war die Erste, die das Schweigen brach.

„Willst du damit sagen“, keuchte sie, „dass du den Ort nicht versichert hast?“

Roland schüttelte den Kopf. Die besondere Form, in der Miss Verepoint die Frage gestellt hatte, berechtigte ihn seiner Meinung nach zu dieser Antwort.

„Warum hast du es nicht getan?“ Miss Verepoints Ton war fast bedrohlich.

„Weil es mir nicht notwendig erschien.“

Es war auch nicht nötig, sagte Roland zu seinem Gewissen. Mr. Montague hatte alle notwendigen Versicherungen erledigt – und sogar noch ein bisschen mehr.

Miss Verepoint kämpfte mit ihrer wachsenden Empörung und verlor. „Was ist mit den Gehältern der Leute, die die ganze Zeit geprobt haben?“ sie verlangte.

„Es tut mir leid, dass sie aus einem Engagement ausscheiden, aber es ist kaum meine Schuld. Ich schlage jedoch vor, jedem von ihnen ein Monatsgehalt zu geben. Das schaffe ich, denke ich.“

Miss Verepoint erhob sich. "Und was ist mit mir? Was ist mit mir, das möchte ich wissen. Wo muss ich aussteigen? Wenn du glaubst, ich würde dich heiraten, ohne dass du dir ein Theater besorgst und diese Revue veranstaltest, dann irrst du dich gewaltig."

Roland machte eine Geste, die Bedauern und Resignation ausdrücken sollte. Er schaffte es sogar zu seufzen.

„Also gut", sagte Miss Verepoint und interpretierte dieses Verhalten zu Recht als seine letzte Stellungnahme zur Situation. „Dann ist alles ganz gut in Ordnung."

Sie rauschte aus dem Raum, die beiden Autoren folgten ihr wie Schweinswale hinter einem Kreuzfahrtschiff. Roland ging zu seinem Schreibtisch, schloss ihn auf und holte ein Bündel Dokumente heraus. Er ließ seine Finger liebevoll zwischen den Feuerversicherungspolicen wandern, die Herr Montague mit so viel Mühe bei so vielen Unternehmen erhalten hatte.

„Und das bin ich auch", sagte er leise zu sich selbst."

DIE EPISODE DER LIVE WEEKLY

Vierte einer Reihe von sechs Geschichten [Erstveröffentlichung in *Pictorial Review* , August 1916]

Mit Schrecken bemerkte Roland Bleke , dass das Mädchen am anderen Ende der Bank weinte. In den letzten paar Minuten hatte er, sofern seine Beschäftigung es ihm überhaupt erlaubte, sie zu bemerken, das verhaltene Schnüffeln auf eine Sommererkältung zurückgeführt, von der er sich gerade selbst erholt hatte.

Es war ihm peinlich. Er schob die Schuld auf das Schicksal, das ihn zu dieser Bank geführt hatte, aber er wollte sich in aller Stille der Frage hingeben, was er mit den zweihundertfünfzigtausend Pfund anfangen sollte, auf die sein Vermögen inzwischen gestiegen war .

Das Schnüffeln ging weiter. Rolands Unbehagen nahm zu. Ritterlichkeit war schon immer seine Schwäche gewesen. Früher, mit hundertvierzig Pfund im Jahr, hatte er kaum Gelegenheit gehabt, sich in dieser Richtung zu vergnügen; aber jetzt schien es ihm manchmal, als würde die ganze Welt um Hilfe schreien.

Sollte er mit ihr sprechen? Er wollte; Aber erst vor ein paar Tagen war sein Blick auf das Plakat einer Wochenzeitung mit dem Titel „Squibs" gefallen, auf dem in großen Buchstaben die Aufschrift „Männer, die mit Mädchen sprechen" stand, und er hatte den dazugehörigen Artikel gelesen war eher eine Denunziation als eine Lobrede auf diese Personen. Andererseits war sie offensichtlich in Not.

Ein weiterer Atemzug entschied ihn.

„Ich sage, wissen Sie", sagte er.

Das Mädchen sah ihn an. Sie war klein und hatte im Moment das Aussehen einer Blüte, die beim Schrumpfen überrascht wurde , was gut dreiunddreißig Prozent hinzufügt. zu den Attraktionen eines Mädchens. Er bemerkte, dass ihre Nase leicht geneigt war. Eine gewisse Blässe verstärkte ihre Schönheit. Rolands Herz führte die ersten Schritte eines Buck-and-Wing-Tanzes aus.

„Entschuldigen Sie", fuhr er fort, „aber Sie scheinen in Schwierigkeiten zu stecken. Kann ich irgendetwas für Sie tun?"

Sie sah ihn erneut an – ein scharfer Blick, der in Rolands Seele einzudringen schien und wie ein Suchscheinwerfer darin herumzulaufen schien. Dann sprach sie, als wäre sie mit der Inspektion zufrieden.

„Nein, das glaube ich nicht“, sagte sie. „Es sei denn, Sie sind Inhaber einer Wochenzeitung mit einer Frauenseite und brauchen dafür eine Lektorin.“

"Ich verstehe nicht."

„Nun, das ist alles, was jemand für mich tun kann – mir meine Arbeit zurückgeben oder mir etwas anderes in der gleichen Art geben.“

„Oh, hast du deinen Job verloren?“

"Ich habe. Würde es Ihnen also etwas ausmachen, wegzugehen, denn ich möchte weiter weinen, und alleine schaffe ich es besser. Ich hoffe, es macht Ihnen nichts aus, wenn ich Sie rausschmeiße, aber ich war zuerst hier, und es gibt noch jede Menge andere Bänke.“

„Nein, aber warte mal. Ich möchte davon hören. Mir könnte – was ich meine – etwas einfallen. Erzähl mir alles darüber."

Es besteht kein Zweifel, dass der Besitz von zweihundertfünfzigtausend Pfund die Zurückhaltung eines schüchternen Mannes mildert. Roland begann sich fast meisterhaft zu fühlen.

"Warum sollte ich?"

„Warum solltest du nicht?“

„Da ist etwas dran“, sagte das Mädchen nachdenklich. „Schließlich kennen Sie vielleicht jemanden. Nun, wie Sie wissen möchten, wurde ich gerade aus einer Arbeit mit dem Titel „Squibs“ entlassen. Ich habe früher die Frauenseite bearbeitet.“

„Bei Gott, hast du diesen Artikel über ‚Men Who Speak—‘ geschrieben?“

Die harte Art, mit der sie sich wie in ein Gewand gehüllt hatte, verschwand augenblicklich. Ihre Augen wurden weicher. Sie wurde sogar rot. Weißt du, es wird einfach nur rosa!

„Du willst nicht sagen, dass du es gelesen hast? Ich hätte nicht gedacht, dass irgendjemand jemals ‚Squibs‘ wirklich gelesen hat.“

"Lies es!" rief Roland und gab die Wahrheit rücksichtslos auf. „Das denke ich wirklich. Ich weiß es auswendig. Wollen Sie damit sagen, dass sie Sie nach einem solchen Artikel tatsächlich entlassen haben? Dich als Versager rausgeschmissen?“

„Oh, sie haben mich nicht wegen Inkompetenz weggeschickt. Es lag einfach daran, dass sie es sich nicht leisten konnten, mich zu behalten. Herr Petheram war sehr nett dazu.“

„Wer ist Mr. Petheram ?“

"Herr. Petheram ist alles. Er bezeichnet sich selbst als Redakteur, ist aber eigentlich alles andere als ein Bürojunge, und ich gehe davon aus, dass er das nächste Woche auch sein wird. Als ich mit der Zeitung begann, gab es einen ziemlich großen Stab. Aber es wurde nach und nach reduziert, bis nur noch Mr. Petheram und ich übrig waren. Es war wie bei der Besatzung der „Nancy Bell". Sie wurden einer nach dem anderen gefressen, bis ich der Einzige war, der noch übrig war. Und jetzt bin ich gegangen. Mr. Petheram macht jetzt die ganze Arbeit."

„Wie kommt es, dass er nichts Besseres zu tun bekommt?" sagte Roland.

„Er hat viele bessere Dinge getan. Er war früher im Carmelite House, aber sie dachten, er sei zu alt."

Roland war erleichtert. Er beschwor das Bild eines weißhaarigen Ältesten mit väterlichem Auftreten herauf.

„Oh, er ist alt, oder?"

"Vierundzwanzig."

Es herrschte kurzes Schweigen. Etwas im Gesichtsausdruck des Mädchens schmerzte Roland. Sie machte einen verzückten Blick, als würde sie von dem abwesenden Petheram träumen und ihn verwirren. Er würde ihr zeigen, dass Petheram nicht der einzige Mann war, der es wert war, hingerissen zu sein.

Er stand auf.

„Würde es Ihnen etwas ausmachen, mir Ihre Adresse zu geben?" er sagte.

"Warum?"

„Um", sagte Roland vorsichtig, „damit ich Ihnen Ihre frühere Anstellung bei ‚Squibs' anbieten kann." Ich werde es kaufen."

Schließlich hat Ihr mutiger und unternehmungslustiger Mann, Ihr Napoleon, seine Momente. Ohne sie anzusehen, bemerkte er, dass er sie völlig umgehauen hatte. Etwas sagte ihm, dass sie ihn mit offenem Mund anstarrte. Währenddessen murmelte eine Stimme in ihm besorgt: „Ich frage mich, wie viel das kosten wird."

„Du wirst ‚Squibs!' kaufen."

Ihre Stimme war zu einem ehrfürchtigen Flüstern geworden.

"Ich bin."

Sie schluckte.

„Nun, ich finde dich wunderbar."

Roland auch.

„Wo wird dich ein Brief finden?" er hat gefragt.

„Mein Name ist März. Bessie März. Ich wohne in der Guildford Street 27."

"Siebenundzwanzig. Danke schön. Guten Morgen. Ich werde zu gegebener Zeit mit Ihnen kommunizieren."

Er hob seinen Hut und ging weg. Er war gerade erst ein paar Schritte gegangen, als hinter ihm das Trappeln von Schritten zu hören war . Er hat sich gedreht.

„Ich – ich wollte dir nur danken", sagte sie.

„Überhaupt nicht", sagte Roland. "Gar nicht."

Er ging seines Weges, prickelnd vor Triumph. Petheram ? Wer war Petheram ? Wer, im Namen der Güte, war Petheram ? Er bildete sich ein, dass er Petheram an seinen richtigen Platz gebracht hatte . Petheram , wahrlich. Lächerlich.

Ein Exemplar der aktuellen Ausgabe von „Squibs", das er an einem Bücherstand gekauft hatte, informierte ihn nach einer kurzen Suche nach der Redaktionsseite darüber, dass sich die Büros der Zeitung in Fetter Lane befanden. Es war ein Beweis für seine gehobene Gemütsverfassung, dass er in einem Taxi dorthin fuhr.

Die Fetter Lane ist eine jener Straßen, in denen Räume, die nur ein paar Meter von Schränken entfernt sind, die Würde von Büros erlangen. Im Redaktionsheiligtum von „Squibs" hätte es vielleicht Platz gegeben, eine Katze zu schwingen, aber das wäre knapp gewesen. Was das Vorbüro betrifft, in dem ein fünfzehnjähriger Junge mit leerem Gesicht Roland empfing und ihn anwies, zu warten, während er seine Karte zu Mr. Petheram brachte , war es nur eine Kiste. Roland hatte Angst, seinen Brustkorb zu strecken, aus Angst, ihn zu verletzen.

Der Junge kam zurück und sagte, dass Mr. Petheram ihn sehen würde.

Mr. Petheram war ein junger Mann mit dichtem Haar und einem Ausdruck fast schmerzhafter Zurückhaltung. Er trug Hemdsärmel und der Tisch vor ihm war mit Papieren überhäuft. Ihm gegenüber stand offenbar ein bequem aussehender Mann mittleren Alters mit rotem Gesicht und kurzem Bart, der sich gerade verabschiedete. Er ging, als Roland eintrat, und Roland war überrascht , als er sah, wie Mr. Petheram aufsprang, die Faust gegen die sich schließende Tür schüttelte und so heftig gegen die Wand trat, dass mehrere Zentimeter verfärbten Putz herunterfielen.

„Nehmen Sie Platz", sagte er, als er diesen Auftritt beendet hatte. "Was kann ich für Dich tun?"

Roland hatte sich immer vorgestellt, dass Redakteure in ihren Privatbüros weniger leicht zu erreichen seien und, wenn sie angesprochen würden, schroffer seien . Tatsache war, dass Herr Petheram , dessen Optimismus durch nichts zu löschen war, ihn für einen potenziellen Werbetreibenden gehalten hatte.

„Ich möchte die Zeitung kaufen", sagte Roland. Ihm war bewusst, dass dies eine abrupte Herangehensweise an das Thema war, aber schließlich wollte er die Zeitung kaufen, also warum sollte er das nicht sagen?

Mr. Petheram zitterte auf seinem Stuhl. Er strahlte vor Aufregung.

„Willst du mir sagen, dass es in London einen einzigen Bücherstand gibt, der ausverkauft ist? Großartiger Scott, vielleicht sind sie alle ausverkauft! Wie viele hast du probiert?"

„Ich meine, kaufen Sie die ganze Zeitung. Werde Eigentümer, weißt du?

Roland spürte, dass er rot wurde, und hasste sich dafür. Er sollte das Ding mit einer Miene durchziehen. Mr. Petheram sah ihn ausdruckslos an.

"Warum?" er hat gefragt.

„Oh, ich weiß es nicht", sagte Roland. Er hatte das Gefühl, dass das Interview völlig schief lief. Es fehlte die Würde, die diese Art von Interview hätte haben sollen.

"Ehrlich?" sagte Herr Petheram . „Du ziehst mich nicht auf den Arm?"

Roland nickte. Mr. Petheram schien mit seinem Gewissen zu kämpfen und sich schließlich darüber zu ärgern, denn seine nächsten Bemerkungen waren durch und durch ehrlich.

„Sei kein Arsch", sagte er. „Du weißt nicht, worauf du dich einlässt. Hast du den Mistkerl gesehen, der gerade rausgegangen ist? Weißt du wer er ist? Das ist der Kerl, dem wir lebenslang fünf Pfund pro Woche zahlen müssen."

"Warum?"

„Wir werden ihn nicht los. Als die Zeitung gegründet wurde, dachten die Eigentümer – nicht die jetzigen –, dass es der Sache einen Aufschwung geben würde, wenn sie einen Fußballwettbewerb veranstalten würden, bei dem es einen lebenslangen Hauptpreis von fünf Pfund pro Woche gäbe. Nun, das ist der Mann, der gewonnen hat. Er wurde als Vermächtnis von Besitzer zu Besitzer weitergegeben, bis jetzt haben wir ihn. Vor langer Zeit haben sie versucht, ihn zu einem Kompromiss für eine Pauschalsumme zu bewegen, aber er wollte nicht. Er sagte, er würde es nur ausgeben und es lieber wöchentlich bekommen. Nun ja, bis wir diesen Vampir bezahlt haben, ist von unserem Gewinn nicht mehr viel übrig. Deshalb sind wir im Moment etwas unterbesetzt."

Ein Stirnrunzeln verzog sich auf Mr. Petherams Stirn. Roland fragte sich, ob er an Bessie March dachte.

„Ich weiß alles darüber", sagte er.

„Und du willst das Ding trotzdem kaufen?"

"Ja."

„Aber wozu zum Teufel? Wohlgemerkt, ich sollte mich nicht auf diese Art und Weise um meine eigene Arbeit kümmern, aber Sie scheinen ein guter Kerl zu sein, und ich möchte nicht, dass Sie landen. Warum tust du das?"

„Oh, nur zum Spaß."

„Ah, jetzt redest du. Wenn Sie sich teure Vergnügungen leisten können, machen Sie weiter."

Er stellte seine Füße auf den Tisch und zündete sich eine kurze Pfeife an. Seine düsteren Ansichten zum Thema „Squibs" wichen einer Welle des Optimismus.

„Wissen Sie", sagte er, „in dem alten Lappen steckt wirklich noch viel Leben." Wenn es richtig laufen würde. Was uns behindert hat, war der Mangel an Kapital. Wir konnten keine Werbung schalten. Ich strotz nur so vor Ideen, wie man die Zeitung boomen lässt, nur dass man das natürlich nicht umsonst machen kann. Was das Bearbeiten betrifft, weiß ich nichts über das Bearbeiten – aber vielleicht hattest du jemand anderen im Kopf?"

„Nein, nein", sagte Roland, der einen Redakteur nicht von einem Bürojungen unterscheiden konnte. Der Gedanke, angehende Redakteure zu interviewen, entsetzte ihn.

„Also gut", fuhr Mr. Petheram beruhigt fort und warf einen Stapel Papiere um, um mehr Platz für seine Füße zu schaffen. „Nehmen Sie an, dass ich weiterhin als Redakteur tätig bin. Die Konditionen können wir später besprechen. Unter dem jetzigen Regime habe ich die ganze Arbeit im Austausch für ein glückliches Zuhause erledigt. Ich nehme an, Sie wollen das Schiff nicht für eine Ha'porte Teer verderben ? Mit anderen Worten: Sie möchten lieber einen glücklichen, wohlgenährten Redakteur haben, der durch die Gegend rennt, als ein liegengebliebenes Wrack, das vor Hunger ohnmächtig werden könnte?"

„Aber einen Moment", sagte Roland. „Sind Sie sicher, dass die jetzigen Eigentümer verkaufen wollen?"

„Will verkaufen", rief Herr Petheram begeistert. „Wenn sie wissen, dass Sie kaufen möchten, haben Sie genauso gute Chancen, ihnen ohne Papiere davonzukommen, wie – und ich kann mir nichts vorstellen, bei dem die Chancen auf irgendetwas so gering sind. Wenn du nicht schnell auf den Beinen bist, weinen sie dir auf der Schulter. Kommen Sie vorbei, wir treiben sie jetzt zusammen."

Er kroch in seinen Mantel und bürstete ungeduldig sein Haar mit einem Notizbuch.

„Es gibt nur noch eine andere Sache", sagte Roland. „Ich lese schon seit einiger Zeit regelmäßig ‚Squibs' und bewundere besonders die Art und Weise, wie The Woman's Page——"

„Sie meinen, Sie wollen die Redakteurin wieder engagieren? Eher. Besser geht es nicht. Ich wollte es selbst vorschlagen. Kommen Sie jetzt schnell vorbei, bevor Sie Ihre Meinung ändern oder aufwachen."

Nur wenige Tage, nachdem er alleiniger Eigentümer von „Squibs" geworden war, fühlte sich Roland ähnlich wie ein Mann, der als Neuling in der Kunst, Autos zu steuern, sich am Steuer eines außer Kontrolle geratenen Motors wiederfinden sollte. Der junge Mr. Petheram hatte nichts Geringeres als die Wahrheit gesagt, als er sagte, dass er voller Ideen sei, um die Zeitung zum Aufschwung zu bringen. Die Kapitalzufuhr in das Unternehmen wirkte auf ihn wie ein starkes Stimulans. Er strahlte Ideen aus jeder Pore aus.

Rolands erste Idee bestand darin, einen Stab von Mitwirkenden zu engagieren. Er hatte den Eindruck, dass die Mitwirkenden das Lebenselixier einer Wochenzeitschrift seien. Herr Petheram korrigierte diese Ansicht. Er stimmte dem Kauf einer grellen Seriengeschichte zu, aber das war das letzte Zugeständnis, das er machte. Niemand könnte Herrn Petheram mangelnde Energie vorwerfen. Er war bereit, ja sogar bestrebt, den gesamten Aufsatz selbst zu schreiben, mit Ausnahme der „Woman's Page", die jetzt erneut von Miss March glänzend geleitet wurde. Er wollte, dass Roland sich auf die Bereitstellung von Kapital für ausgeklügelte Werbemaßnahmen konzentrierte.

„Wie wäre es", fragte er eines Morgens – er begann seine Bemerkungen immer mit „Wie wäre es?" – „ Wenn wir einen Mann dafür bezahlen würden, in weißen Strumpfhosen mit dem Wort ‚Squibs' in roten Buchstaben auf der Brust den Piccadilly entlangzulaufen?"

Roland dachte, das wäre sicher nicht der Fall.

„Guter, solider Werbegag", drängte Herr Petheram . „Gefällt es dir nicht? In Ordnung. Du bist der Boss. Nun, wie wäre es, eine Gruppe von Männern zu haben, die als Zulus verkleidet sind und weiße Schilde mit der Aufschrift

„Squibs" tragen? Verstehst du, was ich meine? Lassen Sie sie am Strand entlang sprinten und dabei „Wah!" rufen. Wah! Wah! Kauf es! Kauf es!' Es würde die Leute zum Reden bringen."

Roland ging aus diesen Interviews mit einer Gänsehaut vor bescheidener Besorgnis hervor. Er war von Natur aus zurückhaltend und der Gedanke an Zulus, die den Strand entlang sprinteten und „Wah!" riefen. Wah! Wah! Kauf es! Kauf es!" mit dem Hinweis auf sein persönliches Eigentum entsetzte ihn.

Er fing nun an, den Kauf der Zeitung zutiefst zu bereuen, so wie er im Allgemeinen jeden bestimmten Schritt bereute, den er unternahm. Der romantische Glanz, der ihn während der Vorverhandlungen getragen hatte, war völlig verblasst. Ein Mädchen muss über ungewöhnlichen Charme verfügen, um B weiterhin zu fesseln, wenn sie täglich deutlich macht, dass ihr Herz das ausschließliche Eigentum von A ist; und Roland hatte schon lange aufgehört, sich der Illusion hinzugeben, dass Bessie March jemals etwas anderes als eine leichte Zuneigung für ihn empfinden würde. Der junge Mr. Petheram hatte offensichtlich einen unbestreitbaren Anspruch geltend gemacht. Ihre Haltung ihm gegenüber war die einer liebevollen Anhängerin eines Hohepriesters. Eines Morgens, als Roland unerwartet das Büro betrat, fand Roland sie dabei, wie sie Mr. Petheram auf den Kopf küsste. und von diesem Moment an sank sein Interesse an den Schicksalen von „Squibs" auf Null. Es erstaunte ihn, dass er jemals dumm genug gewesen sein konnte, sich wegen eines unbedeutend aussehenden Mädchens mit einer Stupsnase und einem schlechten Teint auf dieses verrückte Unterfangen einzulassen.

Was ihn besonders ärgerte, war die Tatsache, dass er gutes Geld für nichts wegwarf. Zwar entsprach sein Kapital den insgesamt bescheidenen Forderungen der Zeitung mehr als, aber das änderte nichts an der Tatsache, dass er Geld verschwendete. Mr. Petheram redete immer voller Begeisterung davon, um die Ecke zu kommen, aber die Ecke schien immer noch genauso weit weg zu sein.

Der alte Fluchtgedanke, auf den er in jeder Krise stets Rückgriff nahm, traf Roland mit unwiderstehlicher Kraft. Er packte eine Tasche und ging nach Paris. Dort, in den Unannehmlichkeiten des Lebens in einem fremden Land, schaffte er es einen Monat lang, seinen weißen Elefanten zu vergessen.

Er kehrte mit dem Abendzug zurück, der den Reisenden rechtzeitig zum Abendessen in London absetzte.

Seltsamerweise lag Roland nichts weiter aus dem Kopf als seine bunte Wochenzeitung, als er sich in einem überfüllten Grilllokal in der Nähe des Piccadilly Circus zum Essen niederließ. Vier Wochen akuter Qual in einer Stadt, in der niemand den einfachsten englischen Satz zu verstehen schien, hatten „Squibs" vorerst völlig aus seinem Gedächtnis verbannt.

Die Tatsache, dass es ein solches Papier gab, wurde ihm mit dem Kaffee bewusst. Der aufmerksame Kellner legte ihm einen Zettel auf den Tisch.

"Was ist das?" er hat gefragt.

„Die Dame, Sare ", sagte der Kellner vage.

Roland sah sich aufgeregt im Raum um. Der Geist der Romantik packte ihn. Es waren viele Damen anwesend, denn dieses besondere Restaurant war bei Künstlern beliebt, die noch um halb acht in ihre Theater „einschauen" durften. Keiner von ihnen wirkte besonders verlegen, dennoch hatte ihm einer von ihnen diesen völlig unaufgeforderten Tribut geschickt. Er riss den Umschlag auf.

Die Nachricht war in fließender weiblicher Hand geschrieben und kurz, und Mrs. Grundy selbst hätte daran keine Einwände haben können.

„,Squibs', ein Penny pro Woche, kauf es", hieß es. Alle wohltuenden Wirkungen eines guten Abendessens verschwanden bei Roland. Er war fieberhaft gereizt. Er bezahlte seine Rechnung und verließ das Lokal.

Als passendes Beruhigungsmittel kam ihm ein Besuch in einem benachbarten Varieté in den Sinn. Kaum hatten seine Nerven so stark gezittert, dass er anfangen konnte, die Aufführung zu genießen, als in der Pause zwischen zwei Kurven ein Mann in einer der Seitenlogen aufstand.

„Gibt es einen Arzt im Haus?"

Im Publikum herrschte Stille. Alle Augen waren auf die Kiste gerichtet. Ein Mann im Parkett stand errötend auf und räusperte sich.

„Meine Frau ist ohnmächtig geworden", fuhr der Sprecher fort. „Sie hat gerade entdeckt, dass sie ihr Exemplar von ,Squibs' verloren hat."

Das Publikum nahm die Aussage mit der boshaften Gleichgültigkeit eines englischen Publikums angesichts des Ungewöhnlichen auf.

Nicht so Roland. Gerade als die zielstrebig wirkenden „Chuckers Out" ihre Leopardenschritte auf die Kiste zuführten, stürmte er auf die Straße.

Als er dastand und seine Empörung in der angenehmen Brise abkühlte, die aufgekommen war, bemerkte er, dass eine dichte Menschenmenge auf ihn zukam. An der Spitze stand ein Individuum, das vor dem tristen Hintergrund wie eine gute Tat in einer unartigen Welt hervorstach. Die Natur hat zu ihrer Zeit seltsame Kerle geschaffen, und dies war einer der seltsamsten, auf denen Rolands große Augen jemals geruht hatten. Er war ein großer, kräftiger Mann, bequem gekleidet in einen Anzug aus weißem Leinen, abgesetzt durch ein scharlachrotes „Squibs"-Logo auf der Brust. Auf seinem Zylinder, der mindestens vier Nummern größer war als jeder

Zylinder, der in einer Pantomime getragen wurde, prangte das gleiche Wort in Flammenbuchstaben. Auf seinem Regenschirm, den er bei schönem Wetter offen über dem Kopf trug, stand die Aufschrift „Ein Penny pro Woche".

Die Festnahme dieser Person durch einen wachsamen Polizisten und Rolands Sprung in ein Taxi erfolgten gleichzeitig. Roland wurde am ganzen Körper rot. In seinem Kopf drehte sich alles. Er nahm die Abendzeitung, die er durch das Fenster des Taxis abgegeben hatte, ganz mechanisch entgegen, und erst die energischen Ermahnungen des Verkäufers brachten ihn schließlich dazu, dafür zu bezahlen. Dies tat er mit einem Souverän, und das Taxi fuhr los.

Er dachte gerade daran, einige Stunden später zu Bett zu gehen, als ihm einfiel, dass er seine Zeitung nicht gelesen hatte. Er warf einen Blick auf die erste Seite. Die mittlere Spalte war einem wirklich großartig geschriebenen Bericht über die Vorgänge in der Bow Street gewidmet, die auf die Verhaftung von sechs Männern folgten, die angeblich eine Menschenmenge zur Störung des Friedens veranlasst hatten, indem sie den Strand in unbekleideten Häusern zur Schau stellten Zulu-Krieger rufen gemeinsam die Worte „Wah!" Wah! Wah! Kaufen Sie ,Squibs'."

Der junge Mr. Petheram begrüßte Roland mit einer freudigen Begeisterung, die der Hund Argus bei der Rückkehr von Odysseus vielleicht erreicht hätte, aber kaum hätte übertreffen können.

Petherams wohlüberlegte Meinung zu sein , dass Gott in Seinem Himmel sei und mit der Welt alles in Ordnung sei. Rolands Versuche, diesen Glauben zu korrigieren, stießen auf taube Ohren.

„Habe ich die Werbung gesehen?" rief er und wiederholte die erste Frage seines Herausgebers. „Ich habe nichts anderes gesehen."

"Dort!" sagte Herr Petheram stolz.

„Es kann nicht weitergehen."

"Ja, kann es. Mach dir keine Sorgen. Ich weiß, dass sie so schnell verhaftet werden, wie wir sie rausschicken, aber Gott sei Dank, der Vorrat ist endlos. Seit der Revue-Boom begann und von den Schauspielern erwartet wurde, dass sie sechs verschiedene Rollen in sieben Minuten spielen, tummeln sich am Strand Trupps von Music-Hall-„Profis", die bereit sind, jeden Job anzunehmen, den Sie ihnen anbieten. Ich habe ein spezielles Personal, das die Bodegas spült. Diese Kerle lieben es. Es ist ihnen eine Ehre, so im Rampenlicht der Öffentlichkeit zu stehen. Dadurch fühlen sie sich zehn Jahre jünger. Es ist wunderbar, was für Talente da sind. Diese Zulus hatten früher einen festen Job als Six Brothers Biff, Society Contortionists. Der Revue-Wahn hat sie beruflich getötet. Sie haben wie Kinder geweint, als wir sie aufgenommen haben.

„Übrigens, könnten Sie vor Ihrer Abreise eine Spesenprüfung durchführen? Die Bußgelder steigen etwas. Aber machen Sie sich darüber auch keine Sorgen. Wir prägen Geld. Ich zeige Ihnen gleich die Rendite. Ich habe dir gesagt, wir sollten um die Ecke gehen. Drehte es! Geben Sie mir die Schuld, wir sind auf zwei Rädern durch die Gegend gerast. Hatten Sie seit Ihrer Rückkehr Zeit, sich die Zeitung anzusehen? NEIN? Dann haben Sie unsere neue Skandalseite noch nicht gesehen – „Wir wollen es nur wissen, Sie wissen es." Es ist ein Knaller und treibt die Durchblutung wie eine Rakete in die Höhe. Jeder liest jetzt „Squibs". Ich hatte gehofft, dass du bald zurückkommst. Ich wollte Sie nach neuen Ämtern fragen. Mittlerweile sind wir etwas über so etwas hinaus."

Roland las unterdessen mit entsetzten Augen die angeblich verkorkste Skandalseite. Es schien ihm ausnahmslos die schrecklichste Inszenierung zu sein, die er je gesehen hatte. Es entsetzte ihn.

„Das ist schrecklich", stöhnte er. „Wir werden hundert Verleumdungsklagen haben."

„Oh nein, das ist in Ordnung. Es ist alles Fake, auch wenn die Öffentlichkeit es nicht weiß. Wenn man sich an echte Skandale halten würde , würde man keine Gleichberechtigung bekommen. eine Woche. Eine moralischere Schar tadelloser Verschwender als die Schurken, die die moderne Gesellschaft ausmachen, hast du nie getroffen. Aber es liest sich doch ganz gut, nicht wahr? Natürlich hört man hin und wieder etwas Echtes, und dann geht es rein. Haben Sie zum Beispiel schon einmal von Percy Pook , dem Buchmacher, gehört? Ich habe diese Woche etwas wirklich Reifes über Percy erfahren, die absolut klare Wahrheit. Es wird ihn ein wenig aufrichten lassen. Da, direkt unter deiner Fuchtel."

Roland nahm seinen Daumen ab, und nachdem er den betreffenden Absatz gelesen hatte, zuckte er zusammen, als hätte er ihn einer Schlange abgenommen.

„Aber das bedeutet zwangsläufig eine Verleumdungsklage!" er weinte.

„Nicht das Geringste", sagte Mr. Petheram ruhig. „Du kennst Percy nicht. Ich werde Sie nicht mit seiner Lebensgeschichte langweilen, aber glauben Sie mir, er stürmt nicht aus reiner Liebe dazu vor Gericht. Du bist sicher genug."

Aber es schien, dass Mr. Pook , obwohl er schüchtern war, sein Wappen vor einem Richter und einer Jury zu reinigen, nicht ganz ohne Verteidigungs-

und Angriffswaffen war. Als Roland am nächsten Tag im Büro ankam, fand er eine Szene der Trostlosigkeit vor, in deren Mitte, wie Marius in den Ruinen Karthagos, Jimmy saß, der Bürojunge mit leerem Gesicht. Jimmy las eine illustrierte Comiczeitung und schien von seiner Umgebung nicht gestört zu werden.

„Er ist kaputt ", bemerkte er und blickte auf, als Roland eintrat.

"Wie meinst du das?" Roland fuhr ihn an. „Wer ist weg und wohin ist er gegangen? Und außerdem werden Sie, wenn Sie mit Ihren Vorgesetzten sprechen, aufstehen und aufhören, diesen höllischen Kaugummi zu kauen. Es geht mir auf die Nerven."

Jimmy stand weder auf, noch gab er seinen Kaugummi ab. Er nahm sich Zeit und antwortete.

"Herr. Petheram . Ein paar Kerle kamen herein und gingen hindurch, und da drinnen herrschte Aufruhr, und plötzlich kamen sie gerannt, und ich ging hinein, und da lag Mr. Petheram auf dem Boden, der völlig umgehauen wurde, und die Möbel waren alle kaputt, und jetzt „ Er wird ins Krankenhaus gebracht . Diese Kerle haben es mir angetan „Froo es richtig", schloss Jimmy mit launischem Vergnügen.

Roland setzte sich schwach hin. Als Jimmy seine Geschichte erzählt hatte, nahm er das Studium seines illustrierten Aufsatzes wieder auf. In den Büros von „Squibs" herrschte Stille.

Es wurde durch die Ankunft von Miss March zerstört. Ihr erstaunter Ausruf beim Anblick des zerstörten Zimmers führte zu einer Wiederholung von Jimmys Geschichte.

Sie verschwand, als sie den Namen des Krankenhauses hörte, in das der angeschlagene Redakteur verlegt worden war, und kehrte eine Stunde später mit blitzenden Augen und zusammengebissenem Kiefer zurück.

„Aubrey", sagte sie – Roland war neu, dass Mr. Petherams Name Aubrey war – „ ist sehr angeschlagen, aber bei Bewusstsein, sitzt aufrecht und nimmt Nahrung zu sich."

"Das ist gut."

„Nur in einem Löffel."

"Ah!" sagte Roland.

„Der Arzt sagt, dass er eine Woche lang nicht ausfallen wird. Aubrey ist sich sicher, dass es diese schrecklichen Buchmacher waren, die es getan haben, aber er kann natürlich nichts beweisen. Aber seine letzten Worte an mich waren: „Lass es Percy diese Woche noch einmal angehen." Er hat mir ein oder zwei Dinge zu erwähnen gegeben. Ich verstehe sie nicht, aber Aubrey sagt, sie würden ihn wild machen."

Rolands Fleisch kribbelte. Der Gedanke, Mr. Pook noch wilder zu machen, als er derzeit zu sein schien, entsetzte ihn. Panik gab ihm Kraft und er wandte sich fest an Miss March, die mehr wie eine moderne Jeanne d'Arc aussah als alles andere auf der Welt.

„Miss March", sagte er, „mir ist klar, dass dies eine Krise ist und dass wir alle für die Zeitung alles tun müssen, was wir können, und ich bin bereit, alles aus Vernunft zu tun – aber ich werde es Percy nicht anvertrauen." Sie haben gesehen, welche Auswirkungen es hat, wenn man es in Percy steckt. Was er oder seine Schergen tun werden, wenn wir den Vorgang wiederholen, möchte ich mir nicht vorstellen."

"Du hast Angst?"

„Ja", sagte Roland schlicht.

Miss March drehte sich auf dem Absatz um. Es war offensichtlich, dass sie ihn für einen Wurm hielt. Roland gefiel es nicht, wenn man ihn für einen Wurm hielt, aber es war unendlich besser, als vom Hausarzt eines Krankenhauses als interessanten Fall angesehen zu werden. Er gehörte zu der Denkschule, die meinte, es sei besser, wenn die Leute über dich sagen würden: „Da ist er!" dann sollten sie sagen: „Wie friedlich er aussieht."

Der Arbeitsstress verhinderte ein weiteres Gespräch. Für Roland war es eine Offenbarung, mit welcher Kraft und Energie Miss March sich in die Bresche stürzte. Tatsächlich war die Arbeit des verstorbenen Herrn Petheram so enorm gewesen , dass ihre Arbeit eher scheinbar als real war. Dank Herrn Petheram war genügend Material vorhanden, um „Squibs" zu ermöglichen, zwei Wochen lang aus eigener Kraft zu laufen. Roland wusste das jedoch nicht, und um so wenig wie möglich zu helfen, teilte er Miss March mit, dass er die Skandalseite schreiben würde. Es muss hinzugefügt werden, dass das Angebot sowohl auf Klugheit als auch auf Ritterlichkeit zurückzuführen war. Roland traute sich einfach nicht, ihr die Skandalseite anzuvertrauen. In ihrer gegenwärtigen Stimmung war es nicht sicher. Er hatte das Gefühl, dass es für Percy eine Arbeit eines Augenblicks sein würde, es in Percy hineinzustecken.

Literarisches Komponieren war nie Rolands Stärke gewesen. Er saß da, starrte auf das weiße Papier und kaute auf dem Bleistift herum, der sein Weiß eigentlich durch stechende Absätze verunstalten sollte. Ihm kam überhaupt keine Idee.

Seine Stirn wurde feucht. Was für Leute – außer Buchmachern – haben Dinge getan, über die man einen Skandal schreiben könnte? Soweit er feststellen konnte, niemand.

Er nahm die Morgenzeitung zur Hand. Der Name Windlebird [*] fiel ihm ins Auge. Eine Art angenehme Melancholie überkam ihn, als er den Absatz las. Wie lange schien es her zu sein, seit er diesen genialen Finanzier kennengelernt hatte. Der Absatz war nicht besonders interessant. Es gab einen kurzen Bericht über einen großen Deal, den Mr. Windlebird aushandelte. Roland verstand kein Wort davon, aber es brachte ihn auf eine Idee.

[*] Er ist eine Figur in der zweiten Episode, ein betrügerischer Finanzier.

Mr. Windlebirds finanzielle Lage über jeden Verdacht erhaben war. Das hatte ihm Mr. Windlebird bei seinem Besuch deutlich gemacht. Es bestand keine Möglichkeit, Mr. Windlebird durch ein oder zwei Absätze über die Sitten und Gebräuche von Finanziers zu beleidigen. Sätze, die sein freundlicher Gastgeber während seines Besuchs verwendet hatte, kamen ihm wieder in den Sinn, und mit ihnen auch Inspiration.

Innerhalb von fünf Minuten hatte er Folgendes zusammengestellt

WIR WOLLEN ES NUR WISSEN, WISSEN SIE

WHO ist der bedeutendste Finanzier, der derzeit mit einem seiner Mitarbeiter beschäftigt ist

größte Angebote?

OB die Öffentlichkeit nicht gut beraten wäre, ein wenig hinzusehen

näher darauf eingehen, bevor sie ihr Geld investieren?

WENN es keine Tatsache ist, dass dieser Herr einen Erste-Klasse-Klasse gekauft hat

Ticket nach Argentinien bei Unfällen?

OB er es möglicherweise nicht jeden Moment benutzen muss?

Danach war es einfach. Die Ideen kamen im Eiltempo. Am Ende einer Stunde hatte er eine Skandalseite fertiggestellt, auf die Mr. Petheram selbst stolz gewesen wäre, ohne den Vorschlag zu machen, sie Percy zuzustecken.

Er hatte das Gefühl, dass er zu Mr. Pook gehen und sagen könnte: „Percy, bei Ihrer Ehre als britischer Buchmacher, habe ich es Ihnen in irgendeiner Weise zugespielt?" Und Mr. Pook wäre gezwungen zu antworten: „Das haben Sie nicht."

Miss March las die Korrekturabzüge der Seite und schnupperte. Aber Miss March war im Blut, und sie hätte an allem gerochen, was Mr. Pook nicht direkt feindlich gesinnt war .

Eine Woche später saß Roland im Büro von „Squibs" und las einen Brief. Es war von No. 18-A Bream's Buildings, EC, geschickt worden, aber aus Rolands Sicht könnte es direkt vom Himmel gekommen sein; für den Inhalt, unterzeichnet von Harrison, Harrison, Harrison & Harrison, Solicitors, hieß es, ein Mandant von ihnen habe sie angewiesen, sich an ihn zu wenden, um das Papier zu kaufen. Er würde nicht feststellen, dass ihr Kunde bereit wäre, um die Konditionen zu feilschen, und so hofften die Herren Harrison, Harrison, Harrison & Harrison, dass sie die Angelegenheit schnell zu einem zufriedenstellenden Abschluss bringen könnten, falls Roland zum Verkauf bereit wäre.

Jede Schlussfolgerung, die ihn ohne tatsächlichen finanziellen Verlust von „Squibs" befreit hätte, wäre für Roland zufriedenstellend gewesen. Er hatte eine Abscheu vor seinem Eigentum empfunden, die nicht einmal durch die stetig steigenden Verkäufe gemildert werden konnte. Er war im Büro der Herren Harrison, sobald ihn ein schnelles Taxi dorthin bringen konnte. Die Anwälte waren dafür, die Sache mit zurückhaltenden Bemerkungen und vorsichtigen Einleitungen zu Ende zu bringen, aber Rolands Geschäftsmethoden waren immer schnell.

„Dieser Kerl", sagte er, „dieser Kerl, der ‚Squibs' kaufen will, was wird er geben ?"

„Das", begann einer der Harrisons nachdenklich, „würde natürlich weitgehend davon abhängen –"

„Ich nehme fünftausend. Schloss, Schaft und Lauf, inklusive des jetzigen Stabes, gerade einmal fünftausend. Wie ist das?"

„Fünftausend ist eine Menge ..."

„Nimm es oder lass es."

„Mein lieber Herr, Sie halten uns eine Pistole an den Kopf. Ich denke jedoch, dass unser Mandant dem von Ihnen genannten Betrag zustimmen könnte."

"Gut. Sobald ich seinen Scheck bekomme, gehört das Ding ihm. Übrigens, wer ist Ihr Kunde?"

Mr. Harrison hustete.

„Sein Name", sagte er, „wird Ihnen bekannt sein. Er ist der angesehene Finanzier, Herr Geoffrey Windlebird ."

Die ablenkende Episode des verbannten Monarchen

Fünfte einer Reihe von sechs Geschichten [Erstveröffentlichung in *Pictorial Review* , September 1916]

Der Kautschuk zog ganz London an. Etwas unanständiger als der Salome-Tanz, eine Nuance weniger zurückhaltend als der Ragtime, hatte er den Tango aus seiner Existenz vertrieben. Auch tat niemand tatsächlich Kautschuk, denn der Nationaltanz von Paranoya enthielt dreihundertfünfzehn anerkannte Schritte; aber alle haben es versucht. Eine neue Revue, „Hullo, Caoutchouc", war mit Erfolg produziert worden. Und die Pionierin des Tanzes, die unvergleichliche Maraquita , eine gebürtige Paranoyanerin , führte ihn immer noch jeden Abend im Musiksaal auf, wo sie zum ersten Mal ausgebrochen war.

Der Kautschuk faszinierte Roland Bleke . Maraquita faszinierte ihn mehr. Von allen Frauen, an die er auf den ersten Blick sein Herz verloren hatte, hatte Maraquita den stärksten Eindruck auf ihn gemacht. Sie war das, was man manchmal eine gute Frau nennt.

Sie hatte große, blitzende Augen, den Körperbau einer Rugby-International-Stürmerin und die Beweglichkeit einer Katze auf heißen Steinen.

Irgendwo in der Mitte der dreihundertfünfzehn Schritte gibt es einen Zeitraum von etwa fünfzig Schritten, in dem die Patientin, den relativen Anstand der früheren Bewegungen aufgebend, herumsaust, bis sie wie ein lachsfarbener Wirbelwind aussieht.

Das war es, was Roland traf.

Nacht für Nacht saß er in seiner Bühnenloge, starrte Maraquita an und applaudierte wild.

Eines Nachts kam ein Diener zu seiner Loge.

„Entschuldigen Sie, Sir, aber sind Sie Herr Roland Bleke ? Die Senorita Maraquita möchte mit Ihnen sprechen."

Er hielt die Tür der Kiste auf. Die Möglichkeit einer Ablehnung schien ihm nicht in den Sinn zu kommen. Hinter den Kulissen dieses Theaters war man sich allgemein darüber im Klaren, dass die Unvergleichliche, wenn sie etwas wollte, es schnell bekam.

Sie waren allein.

Da es zwischen ihm und ihr keine schützenden Scheinwerfer gab, kam Roland zu dem Schluss, dass er einen Fehler gemacht hatte. Es war nicht so, dass sie in der engen Umgebung, die die Umkleidekabine erforderte, weniger schön aussah; aber er hatte das Gefühl, dass er mit seiner Liebe zu ihr einen Vertrag eingegangen war, der für jemanden von seiner ruhigen, schüchternen Art etwas zu groß war. Es kam ihm in den Sinn, dass die Art von Frau, die er wirklich mochte, der eher kleine, hängende Typ war. Dynamit hätte Maraquita nicht zum Erliegen gebracht .

Vielleicht anderthalb Minuten lang richtete Maraquita ihren fesselnden Blick auf ihn, ohne ein Wort zu sagen. Dann brach sie ihr schmerzliches Schweigen mit dieser Leitfrage:

„Du liebst mich, *hein* ?“

Roland nickte schwach.

„Wenn Männer mit mir schlafen, schicke ich sie weg – also.“

Sie winkte mit der Hand zur Tür und Roland fühlte sich wieder fast fröhlich. Schließlich sollte er mit einer Verwarnung entlassen werden. Die Frau hatte ein feines, nachsichtiges Wesen.

"Aber du nicht."

"Nicht ich?"

"Nein, nicht du. Du bist der Mann, auf den ich gewartet habe. Ich habe in der Zeitung über Sie gelesen, Señor Bleke . Ich sehe Ihr Bild im „Daily Mirror!“ Ich sage mir: ‚Was für ein Mann!‘“

„Diese Bilder auf Papier lassen einen immer ziemlich seltsam aussehen“, murmelte Roland.

„Ich sehe dich Nacht für Nacht in deiner Box. Puh! Ich liebe dich."

„Vielen Dank“, meckerte Roland.

„Du würdest alles für mich tun, *hein* ? Ich wusste, dass du so ein Mann bist, sobald ich dich sah. Nein“, fügte sie hinzu, während Roland sich unruhig auf seinem Stuhl krümmte, „umarmen Sie mich nicht. Später ja, aber jetzt nein. Nicht bis zum Großen Tag.“

Was der große Tag sein könnte, konnte Roland nicht einmal im Entferntesten vermuten. Er konnte nur hoffen, dass es auch ein abgelegenes sein würde.

„Und jetzt“, sagte die Senorita und warf sich einen Umhang um die Schultern, „kommst du mit mir zu meinem Haus. Meine Freunde warten dort auf uns. Sie werden sich freuen und stolz sein, Sie kennenzulernen.“

Nach seiner ersten Besichtigung des Hauses und der Freunde kam Roland zu dem Schluss, dass er Maraquitas Zimmer ihrer Gesellschaft vorzog. Ersteres war groß und luftig, letzteres bis auf eine Ausnahme klein und behaart.

Die Ausnahme bezeichnete Maraquita als Bombito . Er war eine auffällige Persönlichkeit. Er war einer dieser übergroßen, hastig wirkenden Männer. Einer verdächtigte ihn, tödliche Waffen zu tragen.

Maraquita stellte Roland dem Unternehmen vor. Die Muttersprache von Paranoya klang wie Stenografie mit einer Mischung aus Spanisch. Ein Experte könnte offensichtlich viel davon in eine Minute packen. Die Wirkung auf das Unternehmen war gut. Sie waren offensichtlich beruhigt. Sogar Bombito .

Anschließend erfolgten ausführliche Einführungen. Diesmal sprach Maraquita zu Rolands Gunsten auf Englisch, und er erfuhr, dass die meisten Anwesenden Marquisen waren. Vor ihm, so erfuhr er aus Maraquita , stand die Blüte der Aristokratie von Paranoya , die durch die Schande von 1905 aus ihrem Heimatland vertrieben worden war. Roland war zu höflich, um zu fragen, was in aller Welt die Schande von 1905 sei, aber ihre Erwähnung hatte ein deutliches Echo Auswirkungen auf das Unternehmen haben. Einige runzelten die Stirn, andere stießen tiefe Flüche aus. Bombito hat beides getan. Bevor das Abendessen, zu dem sie sich nun setzten, zu Ende war, wusste Roland jedoch viel über Paranoya und seine Geschichte. Das von Maraquita geführte Gespräch – unter unaufhörlicher *Bouche- pleine-* Begleitung ihrer Freunde – drehte sich ausschließlich um dieses Thema.

Paranoya jahrhundertelang unter der Herrschaft der Alejandro-Dynastie recht friedlich gelebt hatte. Dann, unter der Herrschaft Alejandros des Dreizehnten, begann sich Unzufriedenheit auszubreiten, die in der Schande von 1905 gipfelte, die, wie Roland schließlich herausfand, nichts Geringeres als die Abschaffung der Monarchie und die Errichtung einer Republik bedeutete.

Seit 1905 lebten sie neben dem Kautschuk nur noch dafür, die Monarchie wiederherzustellen und ihren geliebten Alejandro den Dreizehnten wieder auf seinem Thron zu sehen. Ihre Bemühungen um dieses Ziel waren unermüdlich gewesen und zeigten endlich erste Früchte. Paranoya , versicherte Maraquita Roland, sei voller Intrigen. Die Armee war unzufrieden, das Volk sehnte sich nach einer Rückkehr zur alten Ordnung.

Ein günstigerer Zeitpunkt für den entscheidenden Schlag dürfte nie kommen. Die Frage betraf lediglich die Mittel.

Bei der Erwähnung des Wortes „Fonds" richtete sich Roland, der von der Vorlesung über die Geschichte der Paranoia völlig gelangweilt war , auf und wurde aufmerksam. Er hatte das instinktive Gefühl, dass er bald aufgefordert werden würde, sich für die Freiheit des notleidenden Landes einzusetzen. Vor allem von Bombito .

Er hatte recht. Einen Moment später begann Maraquita eine Rede zu halten.

Sie sprach auf Paranoyan , und Roland konnte ihr nicht folgen, aber er vermutete, dass es sich irgendwie auf ihn selbst bezog.

Als am Ende die gesamte Gesellschaft aufstand und ihm mit lautem Schrei ihre Gläser entgegenstreckte, nahm er an, dass Maraquita seine Gesundheit vorgeschlagen hatte.

„Sie sagen ‚Zum Befreier von Paranoya !'", übersetzte der Unvergleichliche freundlicherweise. „Sie müssen sich entschuldigen", sagte Maraquita tolerant, als eine Schar Patrioten Roland umringte und ihn auf die Wange küsste. „Sie sind dem Retter unseres Landes so dankbar. Ich selbst würde dich küssen, wenn ich nicht geschworen hätte, dass niemand die Lippen meines berühren soll, bis die königliche Standarte wieder über dem Palast von Paranoya schwebt . Aber das wird bald sein, sehr bald", fuhr sie fort. „Mit Ihnen an unserer Seite können wir nicht scheitern."

Was meinte die Frau? fragte sich Roland wild. Hatte sie unter der quälenden Illusion zu leiden, dass er vorschlug, sein Blut im Namen eines abgesetzten Monarchen zu vergießen, dem er nie vorgestellt worden war?

Maraquitas nächste Bemerkung machte die Sache klar.

„Ich habe ihnen gesagt " , sagte sie, „dass du mich liebst, dass du bereit bist, alles für mich zu riskieren." Ich habe ihnen versprochen, dass Sie, der reiche Señor Bleke , die Mittel für die Revolution bereitstellen werden. Noch einmal, Genossen. Zum Retter von Paranoya !"

Roland versuchte mit aller Kraft, sich von dieser patriotischen Begeisterung anstecken zu lassen, aber irgendwie gelang es ihm nicht. Niedrige, schmutzige Söldnerspekulationen würden sich einmischen. Wie viel dürfte eine gute, gut ausgestattete Revolution ungefähr kosten? So vorsichtig er konnte, richtete er die Frage an Maraquita .

Sie sagte: „Puff! Die Kosten? La, la!" Das war alles schön und gut, aber als Geschäftsgespräch kaum zufriedenstellend. Das war jedoch alles, was Roland aus ihr herausbekommen konnte.

Die nächsten Tage vergingen für Roland wie im Traum. Es war die Art von Traum, die man nicht leicht von einem Albtraum unterscheiden kann.

Maraquitas Zurückhaltung beim Abendessen in Bezug auf Einzelheiten im Zusammenhang mit der finanziellen Seite der Revolutionen verschwand vollständig. Sie redete jetzt nur noch von Zahlen, und aus der verwirrten Masse, die sie ihm präsentierte, konnte Roland schließen, dass er bei der Finanzierung der Wiederherstellung des Königtums in Paranoya tatsächlich alles für sie riskieren würde.

In Sachen Revolutionen war Maraquita kein Geizhals. Sie wusste, wie die Sache gemacht werden sollte – nun, oder auch nicht. Es gäbe so viel für Gewehre, Maschinengewehre und was nicht, und es würde so viel für die Kosten für den Schmuggel ins Land geben. Dann gäbe es viel zu bemängeln, die republikanische Armee zu korrumpieren. Als sie zu diesem Punkt kamen, wurde Roland etwas heller . Da das stehende Heer von Paranoya zwanzigtausend Mann umfasste und es möglich schien, es mit Kosten von etwa dreißig Schilling pro Kopf gründlich zu korrumpieren, lag es für Roland naheliegend, sich auf diese Seite der Frage zu konzentrieren und Vermeiden Sie unnötiges Blutvergießen.

Es schien jedoch, dass Maraquita Blutvergießen nicht vermeiden wollte, dass sie Blutvergießen lieber mochte und dass die Führer der Revolution enttäuscht wären, wenn es kein Blutvergießen gäbe. Besonders Bombito . Solange es nicht zu einem gewissen Maß an Blutvergießen, Plünderungen usw. käme, werde die Revolution keinen Erfolg in der Bevölkerung erzielen, betonte sie. Es stimmt, der geliebte Alejandro könnte wiederhergestellt werden; aber er würde auf einem Thron sitzen, der unsicher war, es sei denn, die Krönungsfeierlichkeiten nahmen eine blutrünstige Wendung. Auf jeden Fall, sagte Maraquita , korrumpiere die Armee, aber nicht auf die Gefahr hin, die Angelegenheit zahm und unpopulär zu machen. Paranoya war ein emotionales Land und mochte seine Revolutionen mit etwas Schwung.

Ungefähr zehn Tage, nachdem er sich definitiv für die Revolutionspartei entschieden hatte, wurde Roland bewusst, dass diese Dinge etwas komplexer waren, als er es sich vorgestellt hatte. Er hatte sich mit dem finanziellen Aufwand abgefunden. Es war schwierig gewesen, aber er hatte es geschafft. Dass sowohl seine Person als auch sein Geldbeutel in Gefahr geraten würden, hatte er nicht vorhergesehen.

Die Tatsache wurde ihm am Ende der zweiten Woche durch das Eintreffen der Deputation bewusst.

Es wehte von der Straße herein, gerade als er seine Zigarre nach dem Abendessen genoss.

Es bestand aus drei Männern, einem lang und höflich, die anderen beiden klein, kräftig und schweigsam. Sie hatten alle den blassen Teint und die übermäßige Behaarung, die er mittlerweile mit dem Eingeborenen von Paranoya in Verbindung brachte .

Einen Moment lang verwechselte er sie mit einer Schar verbannter Adliger, die er beim Abendessen nicht kennengelernt hatte; und er wartete resigniert darauf, dass sie mit der königlichen Hymne die Nacht schrecklich machen würden. Er stellte sich auf die Zehenspitzen, um leichter zur Seite springen zu können, falls sie versuchen sollten, ihn auf die Wange zu küssen.

"Herr. Bleke ?" sagte der lange Mann.

Seine Begleiter schlenderten zu der Zigarrenschachtel, die offen auf dem Tisch stand, und betrachteten sie wehmütig.

„Es lebe die Monarchie", sagte Roland müde. Er hatte im Laufe seines Umgangs mit den Verbannten festgestellt, dass diese Bemerkung im Allgemeinen gut ankam.

Diesmal löste es keinen Jubelausbruch aus. Im Gegenteil, der lange Mann runzelte die Stirn, und seine beiden Begleiter nahmen sich mit deutlicher Launenhaftigkeit jeweils eine Handvoll Zigarren.

„Tod der Monarchie", korrigierte der lange Mann kalt. „Und", fügte er mit bedeutungsvoller Stimme hinzu, „an alle, die sich in die Angelegenheiten unseres geliebten Landes einmischen und versuchen, ihm Schaden zuzufügen."

„Ich weiß nicht, was du meinst", sagte Roland.

„Ja, Señor Bleke , Sie wissen, was ich meine. Ich meine, Sie wären gut beraten, die Pläne aufzugeben, die Sie mit den Unzufriedenen schmieden, die meinem geliebten Land Schaden zufügen würden."

Das Gespräch wurde immer unangenehmer. Roland hatte sich so angewöhnt, davon auszugehen, dass jeder Paranoyaner, den er traf, zwangsläufig ein Anhänger des geliebten Alejandro sein musste, dass es für ihn ein Schock war, als ihm klar wurde, dass es einige gab, die Einwände gegen seine Wiederherstellung des Throns hatten. Bisher hatte er den Feind als etwas Abstraktes betrachtet. Es war ihm nicht aufgefallen, dass die Leute, für deren Besserung er all diese Gewehre und Maschinengewehre kaufte, Individuen waren, die eine lebhafte Abneigung gegen das vergossene Blut hatten.

„Senor Bleke ", fuhr der Redner fort und blickte stirnrunzelnd auf einen seiner Begleiter, dessen Hand über der Flasche Likörschnaps schwebte, „Sie sind ein Mann mit Verstand. Sie wissen, was sicher ist und was nicht. Glauben Sie mir, Ihr Plan ist nicht sicher. Sie wurden abgeführt, aber es ist noch Zeit, sich zurückzuziehen. Tun Sie es, und alles ist gut. Tue das nicht, und dein Blut komme auf dein eigenes Haupt."

"Mein Blut!" keuchte Roland.

Der Redner verneigte sich.

„Das ist alles", sagte er. „Wir sind lediglich gekommen, um die Warnung auszusprechen. Ah, Señor Bleke , seien Sie nicht voreilig. Sie denken, dass Sie hier, in Ihrem großartigen London, in Sicherheit sind. Du siehst den Polizisten an der Straßenecke an und sagst dir: „Ich bin in Sicherheit." Glauben Sie mir, das stimmt ganz und gar nicht, ganz im Gegenteil. Wir haben Wege, bei denen es nichts ausmacht, wenn der Polizist an der Straßenecke steht. Das ist alles, Señor Bleke . Wir wünschen Ihnen eine gute Nacht."

Die Deputation zog sich zurück.

Maraquita , die über den Vorfall informiert war, schnippte mit den Fingern und sagte „Poof!" Manchmal kam Roland der Gedanke, dass sie in einer schwierigen Situation eine größere Hilfe sein würde, wenn sie es sich nicht mehr angewöhnen könnte, „Poof!" zu sagen.

„Es ist nichts", sagte sie.

"NEIN?" sagte Roland.

„Wir überlisten sie leicht, nicht wahr? Du machst ein Testament und überlässt dein Geld der Sache, und wo sind sie dann, *hein* ?"

Es war eine Sichtweise, aber es brachte Roland wenig Linderung. Er sagte es. Maraquita musterte aufmerksam sein Gesicht.

„Du wirst nicht schwächer, Roland?" Sie sagte. „Du würdest uns jetzt nicht verraten?"

„Natürlich weiß ich nichts über Verrat, aber trotzdem –. Was ich meine ist--"

Aus Maraquitas Augen schienen zwei Flammen zu schießen.

„Pass auf dich auf", rief sie. „Für mich ist es nichts, denn ich weiß, dass dein Herz bei Paranoya ist . Aber wenn die anderen einmal Grund zu der Annahme hatten, dass Ihr Vorsatz scheiterte – ah! Wenn Bombito –"

Roland verstand ihren Standpunkt. Er hatte Bombito für den Moment vergessen .

„Um Himmels willen", sagte er hastig, „sagen Sie nichts zu Bombito , was ihm den Eindruck vermitteln könnte, ich versuche, einen Rückzieher zu machen." Natürlich können Sie sich auf mich verlassen, und das alles. Das ist in Ordnung."

Maraquitas Blick wurde weicher. Sie hob ihr Glas – sie aßen gerade zu Mittag – und setzte es an ihre Lippen.

„Zum Erlöser von Paranoya !" Sie sagte.

"In acht nehmen!" flüsterte eine Stimme in Rolands Ohr.

Erschrocken drehte er sich um. Hinter ihm stand ein Kellner, ein kleiner, dunkler, haariger Mann. Er blickte mit der abwesenden Miene, die Kellner pflegen, in die Ferne.

Roland starrte ihn an, aber er rührte sich nicht.

Als Roland an diesem Abend in seine Wohnung zurückkehrte, war er wie gelähmt, als er das Wort „Vorsicht" sah, das auf den Spiegel in seinem Schlafzimmer gekritzelt war. Es war offenbar mit einem Diamanten gemacht worden. Er klingelte.

"Herr?" sagte der zuständige Kammerdiener. („In jeder dieser Wohnungen sind kompetente Kammerdiener vor Ort." – *Advt.*)

„War jemand hier, seit ich gegangen bin?"

"Jawohl. Ein fremdartig aussehender Herr rief an. Er sagte, er kenne Sie, Sir. Ich habe ihn in dein Zimmer geführt."

In derselben Nacht, mitten in den frühen Morgenstunden, klingelte das Telefon. Roland schleppte sich aus dem Bett.

„Hallo?"

„Ist das Señor Bleke ?"

"Ja. Was ist es?"

"In acht nehmen!"

Die Dinge wurden unerträglich. Roland hatte eine gewisse Nervenstärke, aber nicht genug, um dieser finsteren Verfolgung standzuhalten. Doch was konnte er tun? Angenommen, er hätte sich so weit gehütet, der royalistischen Bewegung seine Unterstützung zu entziehen, was dann? Bombito . Wenn jemals eine Kröte unter der Egge war, dann war er diese Kröte. Und das alles nur, weil eine absolut respektvolle Bewunderung für den Kautschuk ihn dazu veranlasst hatte, mehrere Nächte hintereinander eine Bühnenloge im Theater zu besetzen, wo die unvergleichliche Maraquita sich in Knoten band.

---

lag in Maraquitas Verhalten eine ungewöhnliche Aufregung.

„Wir haben mit ihm gesprochen", flüsterte sie. „Er wird dich empfangen. Er wird dem Erlöser von Paranoya eine Audienz geben ."

„Äh? Wer wird?"

„Unser geliebter Alejandro. Er möchte seinen treuen Diener sehen. Wir sollen sofort zu ihm gehen."

"Wo?"

„In seinem eigenen Haus. Er wird Sie persönlich empfangen."

Die Qualität der Gefühle, die er in letzter Zeit durchgemacht hatte, war so groß, dass Roland nur ein schwaches Interesse an der Aussicht verspürte, einem echten – wenn auch verbannten – Monarchen von Angesicht zu Angesicht zu begegnen. Ihm ging tatsächlich der Gedanke durch den Kopf, dass sie ein wenig im Büro des alten Fineberg sitzen würden, wenn sie davon hören würden, aber es brachte ihm wenig Trost.

Das Taxi hielt vor einem düster aussehenden Haus an einem eleganten Platz. Roland klingelte an der Tür. Es schien ein gewisses Element des Prosaischen in der Handlung zu sein. Er fragte sich, was er dem Butler sagen sollte.

Es waren jedoch keine Worte nötig. Die Tür öffnete sich und sie wurden ohne Verhandlung hereingeführt. Ein Butler und zwei Lakaien führten sie in einen luxuriös eingerichteten Vorraum. Roland trat mit zwei Gedanken im Kopf ein. Das erste war, dass der geliebte Alejandro ein ungewöhnlich gemütliches Kinderbett bekommen hatte; Im zweiten Moment war es genau so, als würde man zum Zahnarzt gehen.

Plötzlich kehrte die Truppe der Gefolgsleute zurück, der Butler an der Spitze.

„Seine Majestät wird Herrn Bleke empfangen ."

Roland folgte ihm mit zitternden Knien.

Seine Majestät, König Alejandro der Dreizehnte, auf der Ruhestandsliste, war ein freundlich aussehender Mann mittleren Alters, angenehm stämmig in der Mitte und etwas kahl an der Stirn. Er hätte ein wohlhabender Börsenmakler sein können. Schon allein bei seinem Anblick fühlte sich Roland wohler.

„Setzen Sie sich, Herr Bleke ", sagte Seine Majestät, als sich die Tür schloss. „Ich wollte dich schon seit einiger Zeit sehen."

Roland hatte nichts zu sagen. Er gewann seine Fassung wieder, aber er hatte noch einen langen Weg vor sich, bis er sich richtig zu Hause fühlen konnte.

König Alejandro holte ein Zigarettenetui hervor und reichte es Roland, der sprachlos den Kopf schüttelte. Der König zündete sich eine Zigarette an und rauchte eine Weile nachdenklich.

„Wissen Sie, Herr Bleke ", sagte er schließlich, „das muss aufhören." Es muss wirklich sein. Ich meine Ihren engagierten Einsatz für mich."

Roland starrte ihn an.

„Sie sind ein sehr junger Mann. Ich hatte erwartet, jemanden zu sehen, der viel älter ist. Ihre Jugend vermittelt mir den Eindruck, dass Sie sich aus Abenteuerlust auf diese Angelegenheit eingelassen haben. Ich kann Ihnen versichern, dass Sie kommerziell nichts gewinnen können, wenn Sie sich in mein verstorbenes Königreich einmischen. Bevor wir uns trennen, hoffe ich, dass ich Sie davon überzeugen kann, Ihre Idee, diese Bewegung zu finanzieren, um mich wieder auf den Thron zu finanzieren, aufzugeben.

„Ich verstehe – ähm – Eure Majestät nicht."

"Ich werde erklären. Bitte behandeln Sie das, was ich sagen werde, streng vertraulich. Sie müssen wissen, Herr Bleke , dass diese Versuche, mich wieder als regierender Monarch in Paranoya zu etablieren , ehrlich gesagt der Fluch einer ansonsten sehr angenehmen Existenz sind. Du siehst überrascht aus ? Mein lieber Herr, kennen Sie Paranoya ? Warst du schon einmal dort? Haben Sie auch nur die geringste Ahnung, was für ein Leben ein König von Paranoya führt? Ich habe es ausprobiert und kann Ihnen versichern, dass ein Kohlenfresser im Vergleich glücklich ist. Erstens ist das Klima des Landes abscheulich. Ich hatte immer eine Erkältung im Kopf. Zweitens gibt es einen kleinen, aber energischen Teil der Bevölkerung, dessen einzige Freizeitbeschäftigung darin zu bestehen scheint, seinen Monarchen als Ziel für Bomben zu nutzen. Es sind zwar keine besonders guten Bomben, aber eine von zehn explodiert, und selbst eine gelegentliche Bombe ist unangenehm, wenn man das Ziel ist.

„Schließlich liebe ich Ihr wunderbares Land viel zu sehr, als dass ich es verlassen möchte. Ich wurde in England ausgebildet – ich bin ein Mann vom Magdalene College – und ich habe das größte Grauen davor, jemals gezwungen zu werden, es zu verlassen. Mein jetziges Leben passt genau zu mir. Das ist alles, was ich sagen wollte, Herr Bleke . Um unser beider Wohl willen, um meines Wohlergehens und Ihres Geldbeutels willen, geben Sie diesen Plan auf."

Nachdenklich ging Roland nach Hause. Maraquita hatte die königliche Residenz verlassen, lange bevor er den Whisky und Soda ausgetrunken hatte, den ihm der freundliche Monarch aufgedrängt hatte. Während er ging, wurde ihm immer klarer, wie sinnlos seine Situation war. Was auch immer er tat, er musste irgendjemandem missfallen; und diese Paranoyaner waren so unglaublich impulsiv, wenn sie verärgert waren.

Zwei Tage lang mied er Maraquita . Beim dritten Mal besuchte er ihr Haus mit einem Instinkt, der den Mörder zu der Stelle lockt, an der er die Leiche begraben hat.

Sie war nicht anwesend, aber ansonsten herrschte eine volle Versammlung. Da waren die Marquisen; da waren die Grafen; da war Bombito .

Er sah sich unglücklich in der Menge um.

Jemand gab ihm ein Glas Champagner. Er hat es erhöht.

„Auf die Revolution", sagte er mechanisch.

Es herrschte Stille – Roland kam es wie eine unangenehme Stille vor. Als hätte er etwas Unangemessenes gesagt, begannen die Marquisen und Grafen das Zimmer zu verlassen, bis nur noch Bombito übrig war. Roland betrachtete ihn mit einiger Besorgnis. Er sah größer und ungewöhnlicher aus als je zuvor.

Aber heute Abend war Bombito offenbar in bester Stimmung. Er trat vor und klopfte Roland auf die Schulter. Und dann kam die bemerkenswerte Tatsache ans Licht, dass Bombito Englisch oder eine Art Englisch sprach.

„Mein Alter", sagte er. „Ich würde eine Rede mit Ihnen halten."

Er schlug Roland erneut auf die Schulter.

„Die anderen sagen: ‚Brechen Sie es sanft mit Senor Bleke .' Maraquita sagt: „Brich es sanft mit Senor Bleke ab." Also breche ich es sanft mit dir ab."

Er versetzte Roland einen dritten gewaltigen Schlag. Was auch immer sanft gebrochen werden sollte, Roland war klar, dass es nicht er selbst war. Und plötzlich überkam ihn eine Art Intuition, die ihm sagte, dass Bombito nervös war.

„Nach allem, was Sie für uns getan haben, Senor Bleke , werden wir Ihnen wie undankbare Grenzgänger vorkommen, aber was ist das? Ja? NEIN? Ich sollte mich vielleicht nicht wundern. Fakt ist, dass es in Paranoya eine politische Krise gegeben hat . Verärgern. Apfelkarren. Ja? Ihr folgt? NEIN? Das Ministerium wurde – was sagen Sie? – damit beauftragt. Ausgewiesen. Aufgebrochen. Kein Ministerium mehr. Neues Ministerium gesucht. Die königliche Partei zu versöhnen, das ist der Ruf. Also ruft uns eine Abordnung von führenden Persönlichkeiten, mächtigen guten Kerlen, prominenten

Kaufleuten und solchen Grenzgängern an. Sie bieten mir an, Präsident zu werden. Sehen? NEIN? Ja? Das ist richtig. Ich bin ein ehrgeiziger Mistkerl, Senor Bleke . Was ist damit, nein? Ich akzeptiere. Ich bin neuer Präsident von Paranoya . Daher ist Ihre freundliche Hilfe nicht erforderlich. Royalistische Revolution auf dem Vormarsch. Keine royalistische Revolution mehr."

Die Welle der Erleichterung, die Roland überkam, ließ nach einer Weile so weit nach, dass er an jemand anderen als sich selbst denken konnte. Er mochte Maraquita nicht , aber er hatte ein zartes Herz, und er hatte das Gefühl, dass dies das arme Mädchen töten würde.

„Aber Maraquita ——?"

„Das ist in Ordnung, großartiger alter Kerl. Kein Grund zur Sorge um Maraquita , dicker alter Junge. Wo der Mann hingeht, geht auch die Frau hin. Wie du sagst, wohin du gehst, werde ich folgen. NEIN?"

„Aber ich verstehe es nicht. Maraquita ist nicht deine Frau?"

„Ja, natürlich, mein guter alter Freund. Was sonst?"

„Warst du die ganze Zeit mit ihr verheiratet?"

„Na ja, gut, lieber Junge."

Der Raum verschwamm vor Rolands Augen. Für Betrachtungen über die Treulosigkeit der Frau war in seinem Kopf kein Platz. Er tastete nach vorne und fand Bombitos Hand.

„Bei Gott", sagte er mit belegter Stimme, während er es immer wieder ausrang, „ich wusste, dass du ein guter Kerl bist, als ich dich das erste Mal sah. Trinken Sie etwas oder so. Trinken Sie eine Zigarre oder so. Iss auf jeden Fall etwas, setz dich hin und erzähl mir alles darüber."

DIE EPISODE DER ANGESTELLTEN VERGANGENHEIT

Letzte Geschichte der Serie [Erstveröffentlichung in *Pictorial Review* , Oktober 1916]

„Was meinst du damit – du kannst ihn doch nicht heiraten? Was denn? Warum kannst du ihn nicht heiraten? Du bist vollkommen kindisch."

Lord Evenwoods sanfte Stimme, die seinerzeit das House of Peers häufiger in den Schlaf gewiegt hatte als jede Stimme, die jemals in der Gilded Chamber gehört wurde, hatte einen Ton ungewöhnlicher, aber durchaus berechtigter Verärgerung in sich. Wenn es etwas gab, was Lord Evenwood mehr als das andere missfiel, dann war es jede Einmischung in bereits getroffene Vereinbarungen.

„Der Mann", fuhr er fort, „ist nicht unansehnlich. Der Mann ist nicht auffällig vulgär. Der Mann isst keine Erbsen mit seinem Messer. Der Mann spricht seine Aitches mit größter Sorgfalt und Genauigkeit aus. Darüber hinaus ist der Mann etwas mehr als eine Viertelmillion Pfund wert. Ich wiederhole, du bist kindisch!"

„Ja, ich weiß, dass er ein sehr anständiger kleiner Kerl ist, Vater", sagte Lady Eva. „Das ist es überhaupt nicht."

„Es würde mich also freuen, zu hören, was es Ihrer Meinung nach ist."

„Na, denkst du, ich könnte mit ihm glücklich sein?"

Lady Kimbuck hielt ihre Rede. Sie war Lord Evenwoods Schwester. Sie verbrachte eine sehr glückliche Zeit als Witwe und mischte sich in die Angelegenheiten der verschiedenen Zweige ihrer Familie ein.

„Wir verlangen nicht, dass du glücklich bist. Du hast so seltsame Vorstellungen von Glück. Ihre Vorstellung von Glück besteht darin, mit Ihrem Cousin Gerry verheiratet zu sein, dessen einzige sichtbare Einnahmequelle, soweit ich weiß, die vierhundert Dollar pro Jahr sind, die er als Mitglied für einen Wahlkreis zieht, der die Absicht hat, ihn rauszuwerfen bei der nächsten Wahl."

Lady Eva errötete. Lady Kimbucks Fähigkeit, die Geheimnisse ihrer Familie zu lüften, hatte ihr von den Hebriden bis Süd-Cornwall zu Recht Unbeliebtheit eingebracht.

„An den jungen O'Rion ist nicht zu denken", sagte Lord Evenwood entschieden. „Nicht für einen Moment. Abgesehen von allem anderen ist seine Politik völlig falsch. Außerdem sind Sie mit diesem Herrn Bleke verlobt

. Es ist eine heilige Verantwortung, sich nicht leichtfertig zu entziehen. Sie können nicht an einem Tag Ihr Wort versprechen, um den feierlichsten Vertrag einzugehen, den die zivilisierte Welt kennt, und ihn am nächsten Tag zu brechen. Es ist dem Mann gegenüber nicht fair. Es ist mir gegenüber nicht fair. Du weißt, dass ich nur dafür lebe, dass du dich wohlfühlst. Wenn ich selbst etwas für Sie tun könnte, wäre die Sache anders. Aber diese abscheulichen Grundsteuern und Blowick – insbesondere Blowick – nein, nein, das kommt nicht in Frage. Es wird Ihnen sehr leid tun, wenn Sie etwas Dummes tun. Ich kann Ihnen versichern, dass Roland Blekes sind nicht – ach – an jedem Busch zu finden. Heutzutage haben Männer große Scheu vor einer Heirat."

„Besonders", sagte Lady Kimbuck , „in eine Familie wie unsere." Was ist mit Blowicks Skandal und dieser schockierenden Angelegenheit mit Ihrem Großvater und der Zirkusfrau, ganz zu schweigen von den Problemen Ihres armen Vaters im Jahr 1985 –"

„Danke, Sophia", unterbrach Lord Evenwood hastig. „Es ist unnötig, jetzt auf all das einzugehen. Es genügt, dass es, abgesehen von allen moralischen Verpflichtungen, hinreichende Gründe gibt, warum Eva ihr Wort gegenüber Herrn Bleke nicht brechen sollte ."

Lady Kimbucks enzyklopädischer Zugriff auf die Familienchroniken löste bei ihren Verwandten größtes Unbehagen aus. Es war bekannt, dass mehr als eine Verlagsfirma ihr verlockende Angebote für ihre Erinnerungen gemacht hatte, und die Familie sah wie nervöse Zuschauer bei einem Kampf zu, während Cupidity ihren unaufhörlichen Kampf mit Faulheit kämpfte; denn die Familie Evenwood hatte zu verschiedenen Zeiten und auf verschiedene Weise die Verbreitung der Abendzeitungen angeregt. Die meisten von ihnen litten unter irgendetwas, und es war Lady Kimbucks Angewohnheit, sich in ihr Boudoir zurückzuziehen und zu verkünden, dass sie nicht gestört werden dürfe, da sie endlich mit ihrem Buch beginnen würde, wenn sie auch nur in ihrer geringsten Laune vereitelt würde. Sofort folgte erbitterte Kapitulation.

An diesem Punkt der Diskussion faltete sie ihre Häkelarbeit zusammen und stand auf.

„Es ist absolut notwendig, dass du gut zusammenpasst, meine Liebe, sonst bist du alle ruiniert. Natürlich kann ich meine abnehmenden Jahre immer mit literarischer Arbeit unterstützen, aber …"

Lady Eva stöhnte. Gegen dieses letzte Argument gab es keine Berufung.

Lady Kimbuck klopfte ihr liebevoll auf die Schulter.

„So, lauf jetzt mit", sagte sie. „Ich vermute mal, dass du Kopfschmerzen hast oder so etwas, das dich dazu gebracht hat, viele dumme Dinge zu sagen, die du nicht so gemeint hast. Gehen Sie hinunter in den Salon. Ich gehe davon aus, dass Mr. Bleke dort wartet, um Ihnen eine gute Nacht zu wünschen. Ich bin mir sicher, dass er ziemlich ungeduldig wird."

Unten im Wohnzimmer hoffte Roland Bleke wider alle Hoffnung, dass Lady Evas längere Abwesenheit möglicherweise darauf zurückzuführen sei, dass sie mit Kopfschmerzen zu Bett gegangen war, und dass er dem nächtlichen Interview, vor dem er sich so fürchtete, entgehen könnte.

Während er dort saß und seine Karriere Revue passieren ließ, kam Roland zu dem Schluss, dass Frauen die Gabe hatten, bei ihm eine Art vorübergehenden Wahnsinn auszulösen. Sie veränderten vorübergehend seine gesamte Natur. Sie gaben ihm für einen kurzen Moment das Gefühl, dass er ein schneidiger junger Mann war, der zu den höchsten Höhenflügen der Liebe fähig war. Erst später kam die Reaktion und ihm wurde klar, dass er nichts dergleichen war.

Im Grunde seines Herzens hatte er Angst vor Frauen, und in der ganzen Liste der Frauen, vor denen er Angst gehabt hatte, konnte er keine finden, die ihm so große Angst eingejagt hatte wie Lady Eva Blyton.

Andere Frauen – insbesondere Maraquita , die nun glücklich dabei war, die Geschicke von Paranoya zu lenken – hatten ihm durch ihre Individualität Angst eingejagt. Lady Eva erschreckte ihn sowohl durch ihre Individualität als auch durch die Atmosphäre aristokratischer Exklusivität, die sie vermittelte. Er hatte überhaupt keine Ahnung, wie ein Mann ordnungsgemäß vorgehen sollte, der mit der Tochter eines Grafen verlobt war. Töchter von Grafen waren für ihn bisher bloße Namen in den Gesellschaftskolumnen der Morgenzeitung gewesen. Die eigentlichen Spielregeln waren ihm ein Rätsel. Er fühlte sich wie ein eingefleischter Verbandsfußballer, der plötzlich aufgefordert wurde, an einem internationalen Rugbyspiel teilzunehmen.

Die ganze Zeit über, von dem Moment an, als sie ihn – zu seinem grenzenlosen Erstaunen – akzeptiert hatte, hatte er gewusst, dass er einen Fehler machte; aber er hat es nie so schmerzlich klar erkannt wie heute Abend. Er war von einer Art blinder Angst erfüllt. Er verfluchte das Schicksal, das ihn zum Wohltätigkeitsbasar geführt hatte, auf dem er zum ersten Mal auf Lady Kimbuck aufmerksam geworden war . Der alberne Snobismus, der ihn dazu gebracht hatte, ihrer Einladung, ein paar Tage in den Evenwood Towers zu verbringen, nachzugehen, bedauerte er; aber dafür machte er sich weniger Vorwürfe. Eine weitere Bekanntschaft mit Lady Kimbuck hatte ihn davon überzeugt, dass sie ihn irgendwie bekommen hätte, wenn sie ihn gewollt hätte, egal ob er angenommen oder abgelehnt hätte.

Was er sich wirklich selbst vorwarf, war sein verrückter Vorschlag. Es hatte keinen Bedarf dafür gegeben. Es stimmt, Lady Eva hatte von dem

Moment an, als sie sich trafen, einen Aufruhr brennender Gefühle in seiner Brust ausgelöst; Aber er hätte den Verstand haben müssen, zu erkennen, dass sie nicht die richtige Gefährtin für ihn war, auch wenn er vielleicht eine Viertelmillion in vergoldeten Wertpapieren versteckt hatte. Ihre Leben könnten sich unmöglich vermischen. Er war ein gewöhnlicher junger Mann mit einer Vorliebe für die Freuden der Menschen. Er mochte billige Zeitungen, Bilderpaläste und Vereinsfußball. Allein der Gedanke an den Verbandsfußball im Zusammenhang mit ihr reichte aus, um die Torheit seines Verhaltens deutlich zu machen. Er hätte sich damit zufrieden geben sollen, sie aus der Ferne wie eine unzugängliche Göttin anzubeten.

Ein leichter Schritt vor der Tür ließ sein Herz aufhören zu schlagen.

„Ich habe gerade reingeschaut, um gute Nacht zu sagen, Mr. – äh – Roland", sagte sie und streckte ihre Hand aus. „Entschuldigen Sie mich. Ich habe solche Kopfschmerzen."

„Oh ja, eher; Es tut mir sehr leid."

Wenn es einen Menschen auf der Welt gab, den Roland in diesem Moment verachtete und hasste, dann war es er selbst.

„Gehst du morgen mit den Waffen raus?" fragte Lady Eva träge.

„Oh ja, eher! Ich meine nein. Ich fürchte, ich schieße nicht."

Sein Nacken begann zu glühen. Er machte sich keine Illusionen über sich selbst. Er war der größte Arsch der Christenheit.

„Vielleicht möchtest du dann eine Runde Golf spielen?"

„Oh ja, eher! Ich meine nein." Da war er wieder, dieser schreckliche Satz. Er war sich sicher, dass er nicht vorgehabt hatte, es auszusprechen. Sie muss ihn für einen vollkommenen Wahnsinnigen halten. „Ich spiele kein Golf."

Sie standen einen Moment da und sahen einander an. Es schien Roland, dass ihr Blick teils verächtlich, teils mitleidig war. Am liebsten hätte er ihr gesagt, dass es Dinge gab, die er tun konnte, auch wenn sie zufällig seine Schwachstellen im Sport herausgepickt hatte. Der wahnsinnige Wunsch überkam ihn, über seine Schulfußballmannschaft zu plappern. Sollte er sie bitten, seinen durchaus respektablen Bizeps zu spüren? NEIN.

„Macht nichts", sagte sie freundlich. „Ich glaube, wir werden uns etwas einfallen lassen, um Sie zu unterhalten."

Sie streckte erneut ihre Hand aus. Er nahm es für den kürzesten Moment in sich auf und war sich dabei schmerzlich bewusst, dass seine eigene Hand von den Gefühlen, die er durchgemacht hatte, klamm war.

"Gute Nacht."

"Gute Nacht."

Dem Himmel sei Dank, sie war weg. Das ließ ihn noch mindestens zwölf Stunden raus.

Eine Viertelstunde später saß Roland immer noch dort, wo sie ihn zurückgelassen hatte, den Kopf in den Händen. Das Stöhnen einer überreizten Seele entfuhr ihm.

„Ich kann es nicht!"

Er sprang auf.

„Ich werde es nicht tun."

Eine sanfte Stimme hinter ihm sprach.

„Ich denke, Sie haben völlig recht, Sir – wenn ich die Bemerkung machen darf."

Roland war noch nie in seinem Leben so erschrocken gewesen. Erstens war er sich nicht bewusst, dass er seine Gedanken laut ausgesprochen hatte; im zweiten hatte er sich vorgestellt, er sei allein im Raum. Und so war er einen Moment zuvor auch gewesen.

Aber der Besitzer der Stimme besaß neben anderen Eigenschaften die katzenartige Fähigkeit, völlig lautlos einen Raum zu betreten – eine Tatsache, die ihm im Laufe seiner langen Karriere im Dienste der besten Familien die schmeichelhafte Position eingebracht hatte war Starzeuge in einer Reihe der rassistischsten Scheidungsfälle Englands.

Mr. Teal, der Butler – denn es war kein Geringerer als eine Berühmtheit, die in Rolands Träumereien eingebrochen war –, war ein langer, dünner Mann mit einem etwas priesterlichen Gesichtsausdruck. Ihm fehlte die Miene des vorwurfsvollen Hochmuts, die viele Butler besitzen, und aus diesem Grund fühlte sich Roland während der schwarzen Tage seines Aufenthalts in Evenwood Towers zu ihm hingezogen. Teal war im Großen und Ganzen ungewöhnlich nett zu ihm gewesen. Roland, erschüttert von den Interviews mit seinem Gastgeber und Lady Kimbuck , schien er der einzige Mensch an diesem Ort zu sein.

Er mochte Teal. Andererseits nahm sich Teal sicherlich eine Freiheit. Wenn es ihm gefiel, könnte er Teal sagen, er solle zum Deuce gehen. Technisch gesehen hatte er das Recht, Teal mit einem Blick einzufrieren.

Er hat keines dieser Dinge getan. Er fühlte sich sehr einsam und sehr verlassen in einer fremden und deprimierenden Welt, und Teals Stimme und Verhalten waren beruhigend.

„Als ich Sie sprechen hörte und niemanden sonst im Raum sah", fuhr der Butler fort, „dachte ich einen Moment lang, dass Sie mich ansprachen."

Das stimmte nicht, und Roland wusste, dass es nicht stimmte. Sein Instinkt sagte ihm, dass Teal wusste, dass er wusste, dass es nicht wahr war; aber er ging nicht auf den Punkt ein.

„Was meinst du damit – du denkst, ich habe völlig recht?" er sagte. „Du weißt nicht, woran ich gedacht habe."

Teal lächelte nachsichtig.

„Im Gegenteil, Sir. Ein Kind hätte es erraten können. Sie sind gerade zu dem meiner Meinung nach durchaus vernünftigen Entschluss gekommen, dass Ihre Verlobung mit Ihrer Ladyschaft nicht weitergehen darf. Sie haben völlig recht, Herr. Das geht nicht."

Der persönliche Magnetismus deckt eine Vielzahl von Sünden ab. Roland war sich vollkommen bewusst, dass er nicht hier stehen und mit einem Butler über seine und Lady Evas intimen Angelegenheiten plaudern sollte; Aber Teals Anziehungskraft war so groß, dass er völlig außerstande war, das Richtige zu tun und ihm zu sagen, er solle sich um seine eigenen Angelegenheiten kümmern. „Teal, du vergisst dich selbst!" hätte die Situation abgedeckt. Roland war jedoch körperlich nicht in der Lage zu sagen: „Teal, du vergisst dich selbst!" Der Vogel weiß die ganze Zeit, dass er nicht mit der Schlange reden sollte, aber er ist nicht in der Lage, das Gespräch zu beenden. Roland verspürte kurzzeitig den Wunsch, zu der Sorte Mann zu gehören, der den Butlern sagen konnte, dass sie sich selbst vergessen hatten. Aber dann würde ein solcher Mann nie in solche Schwierigkeiten geraten. Der Typ „Tal, vergiss dich selbst" wäre ein erstklassiger Schütze, ein Plus-Golfer und würde sich mit Sicherheit sehr glücklich schätzen, mit Lady Eva verlobt zu sein.

„Die Frage ist", fuhr Mr. Teal fort, „wie können wir es beenden?"

Da Roland gegen alle Anstandsregeln versündigt hatte, indem er dem Butler gestattet hatte, seine Angelegenheiten mit ihm zu besprechen, hatte Roland das Gefühl, er könne genauso gut alles aufs Spiel setzen und der Diskussion ihren Lauf lassen. Und es war eine unbestreitbare Erleichterung, mit jemandem über diese höllische Sache zu sprechen .

Er nickte düster und verpflichtete sich. Teal nahm seine Ausführungen mit der Begeisterung eines Mitverschwörers wieder auf.

„Es ist nicht einfach, das mit Würde zu tun, Sir, glauben Sie mir, das ist es nicht. Und es muss elegant geschehen, oder auch gar nicht. Sie können nicht zu Ihrer Ladyschaft gehen und sagen: „Es ist alles aus, und ich auch", und dann den nächsten Zug nach London nehmen. Der Bruch muss von Ihrer Ladyschaft verursacht worden sein. Wenn Ihre Ladyschaft eine Tatsache oder eine schändliche Information über Sie zu Ohren käme, wäre das ein einfacher Ausweg aus der Schwierigkeit."

Er musterte Roland nachdenklich.

„Wenn Sie zum Beispiel jemals im Gefängnis gewesen wären, Sir?"

„Nun, das habe ich nicht."

„Es ist keine Beleidigung, Sir, da bin ich mir sicher. Mir fiel nur ein, dass Sie sehr schnell viel Geld verdient hatten. Meine Erfahrung mit Herren, die sehr schnell sehr viel Geld verdient haben, ist, dass sie in der Regel ihren Teil ihrer Zeit getan haben. Aber natürlich, wenn Sie———. Lass mich nachdenken. Trinken Sie, Sir?"

"NEIN."

Mr. Teal seufzte. Roland konnte sich des Gefühls nicht erwehren, dass er den alten Mann erheblich enttäuschte.

„Sie haben wohl keine Chance, eine Vergangenheit zu haben?" fragte Mr. Teal, nicht sehr hoffnungsvoll. „Ich verwende das Wort im technischen Sinne. Eine verlassene Frau? Irgendein armes Geschöpf, das du schändlich behandelt hast?"

Auf die Gefahr hin, noch mehr in der Wertschätzung des Butlers zu versinken, sah sich Roland gezwungen, die Antwort zu verneinen.

„Ich hatte keine Angst", sagte Mr. Teal und schüttelte den Kopf. „Als ich gestern noch einmal darüber nachdachte, sagte ich mir: ‚Ich fürchte, er würde keins haben.' Sie sehen nicht wie der Typ Gentleman aus, der viel mit seiner Zeit gemacht hat."

„Denken Sie darüber nach?"

„Nicht Ihretwegen, Sir", erklärte Mr. Teal. „Auf der Familie . Ich habe dieses Match von Anfang an missbilligt. Ein Mann, der einer Familie gedient hat, solange ich die Ehre hatte, seiner Lordschaft zu dienen, hat großen Respekt vor dem Ansehen der Familie. Und ohne Sie selbst zu beleidigen, Sir, wäre das nicht der Fall gewesen.

„Nun, es sieht so aus, als müsste es genügen", sagte Roland düster. „Ich sehe keinen Ausweg."

„Das kann ich, Sir. Meine Nichte in Aldershot ."

Mr. Teal schüttelte mit einer Art priesterlicher Schüchternheit den Kopf.

„Sie können meine Nichte in Aldershot nicht vergessen haben ?"

Roland starrte ihn stumm an. Es war wie eine Zeile aus einem Melodram. Er fürchtete zunächst um seinen eigenen Verstand, dann um den des Butlers. Letzterer lächelte sanft, als jemand, der in einer schwierigen Situation Licht sieht.

„Ich war noch nie in meinem Leben in Aldershot .“

„Für unsere Zwecke haben Sie das getan, Sir. Aber ich fürchte, ich verwirre Sie. Lassen Sie mich erklären. Ich habe drüben in Aldershot eine Nichte , die nicht besonders gut ist. Sie ist nicht sehr wählerisch. Ich bin mir sicher, dass sie es gegen Entgelt tun würde.“

"Was ist zu tun?"

„Seien Sie Ihre ‚Vergangenheit‘, Sir. Es macht mir nichts aus, Ihnen zu sagen, dass sie in der „Vergangenheit“ über einige Erfahrungen verfügt; sieht auch so aus. Sie ist eine Bardame, und das würde man vermuten, als man sie zum ersten Mal sah. „Gelb gefärbtes Haar, Sir“, fuhr er begeistert fort, „ganz kraus. Genau die Art junger Mensch, mit der ein junger Herr wie Sie eine „Vergangenheit“ gehabt hätte. Sie könnten kein besseres finden, wenn Sie es zwölf Monate lang versuchen würden.“

" Aber ich sage--!"

„Ich nehme an, hundert würden dir nicht schaden?“

„Nun, nein, ich denke nicht, aber –“

„Dann legen Sie die ganze Sache in meine Hände, Sir. Ich werde Sie bitten, morgen aufzuhören und vorbeizukommen und sie zu sehen. Ich werde dafür sorgen, dass sie am nächsten Tag hierherkommt, um dich zu sehen. Überlass das alles mir. Heute Abend musst du die Briefe schreiben.“

"Briefe?"

„Natürlich würde es Briefe geben, Sir. Es ist ein untrennbares Merkmal dieser Fälle.“

„Meinst du, dass ich ihr schreiben muss? Aber ich sollte nicht wissen, was ich sagen soll. Ich habe sie noch nie gesehen.“

„Das wird schon in Ordnung sein, wenn Sie sich in meine Hände begeben. Ich werde in Ihr Zimmer kommen, nachdem alle zu Bett gegangen sind, und Ihnen beim Schreiben dieser Briefe helfen. Sie haben einen Zettel mit Ihrer eigenen Adresse? Dann wird alles ganz einfach sein.“

Als er einige Stunden später die zehn oder zwölf äußerst leidenschaftlichen Briefe durchlas, die er mit der Hilfe des Butlers an Miss Maud Chilvers geschrieben hatte , kam Roland zu dem Schluss, dass es eine Zeit gegeben haben musste, in der Mr. Teal dies getan hatte viel weniger respektabel, als er derzeit zu sein schien. Byronic war das einzige Adjektiv, das auf den Liebeskompositionsstil seines Mitarbeiters anwendbar war. In jedem Brief fanden sich Passagen, gegen die sich Roland zu einem bescheidenen Protest genötigt sah.

„'Tausend Küsse auf deinen schönen Rosenknospenmund.' Findest du das nicht etwas zu warm gefärbt? Und „Ich sehne mich nach dem Druck deiner elfenbeinfarbenen Arme um meinen Hals und dem Schwung deines seidenen Haares an meiner Wange!" Was ich meine ist – na ja, was ist damit, wissen Sie?"

„Die Sätze", sagte Mr. Teal nicht ohne einen Anflug von Unmut, „an denen Sie Anstoß nehmen, stammen vollständig aus der Korrespondenz (die ich zufällig lesen konnte), die der verstorbene Lord Evenwood an Animalcula , Königin, gerichtet hat des Hochseils im Astley's Circus. Ich möchte hinzufügen, dass Seine Lordschaft in diesen Angelegenheiten als Autorität galt."

Roland kritisierte nichts mehr. Er überreichte die Briefe, die er auf Anweisung von Mr. Teal mit verschiedenen Daten versehen hatte, die einen Zeitraum von etwa zwei Monaten vor seiner Ankunft in den Towers abdeckten.

„Das", erklärte Mr. Teal, „wird Ihr Verhalten definitiv unverzeihlich machen." Mit den heißen Küssen dieser Frau auf deinen Lippen" – Mr. Teal glühte immer noch leicht vor Inspiration – „ Sie haben die Unverschämtheit, hierher zu kommen und sich Ihrer Ladyschaft anzubieten."

Rolands schüchterner Andeutung, dass es vielleicht ein Fehler sei, die Atmosphäre zu übertreiben, konnte der Butler nicht zustimmen.

„Man kann sich nicht schlecht machen. Wenn Sie es nicht energisch und energisch angehen, wird Ihre Ladyschaft Ihnen höchstwahrscheinlich verzeihen. Wo wärst du dann?"

Miss Maud Chilvers aus Aldershot platzte zwei Tage später gegen fünf Uhr nachmittags wie eine Muschel aus ihrer Heimat in Rolands Leben.

Es war ein Auftritt, auf dessen Organisation jeder Bühnenmanager stolz gewesen wäre. Die Beleuchtung, die Gruppierung, der Vorlauf – alles war perfekt. Die Familie hatte gerade im langen Salon ihren Tee getrunken. Lady Kimbuck häkelte, Lord Evenwood döste, Lady Eva las und Roland dachte nach. Eine friedliche Szene.

Ein leises, plätscherndes Murmeln, das kaum als Schnarchen zu bezeichnen war, war gerade von Lord Evenwoods geöffneten Lippen gekommen, als sich die Tür öffnete und Teal verkündete: „Miss Chilvers ."

Roland versteifte sich in seinem Stuhl. Jetzt, da der schreckliche Moment gekommen war, fühlte er sich zu versteinert vor Angst, um auch nur die kleine Rolle zu spielen, die ihm der zuvorkommende Mr. Teal sorgfältig einstudiert hatte. Er saß einfach da und tat nichts.

Ihm wurde schnell klar gemacht, dass Miss Chilvers alles Nötige tun würde. Der Butler hatte kein falsches Bild von ihrem persönlichen Aussehen gezeichnet. Gelb gefärbtes, krauses Haar war nur eine Tatsache ihrer vielfältigen Unmöglichkeiten. In der ruhigen Umgebung des langen Salons sah sie unaussprechlicher „nicht besonders gut" aus, als Roland sie sich jemals vorgestellt hatte. Mit einer solchen Hauptdarstellerin konnte sein Drama den Erfolg nicht verfehlen. Er hätte zufrieden sein sollen; er war lediglich entsetzt. Die Sache könnte ein Happy End haben, aber solange sie andauerte, würde es schrecklich werden.

Der Empfang war schmeichelhaft und aufmerksam. Niemand hat sie bemerkt. Lord Evenwood wachte erschrocken auf und starrte sie an, als wäre sie ein Geist aus seinen Problemen von 1985. Das Gesicht von Lady Eva drückte pures Erstaunen aus. Lady Kimbuck legte ihre Häkelarbeit nieder, warf einen Blick auf die Erscheinung und kam sofort zu dem Schluss, dass einer ihrer zahlreichen verirrten Verwandten wieder dabei gewesen war. Von allen Personen im Raum war sie möglicherweise die Einzige, die völlig fröhlich war. Sie war an diese Situationen gewöhnt und genoss sie. Ihre Gedanken wanderten in die Vergangenheit und erinnerten sich an die Nacht, als ihr Cousin Warminster in seinem eigenen Wohnzimmer von einer Dame aus Südamerika mit einem Stilett gepinkelt worden war. Glückliche Tage, glückliche Tage.

Lord Evenwood war zu diesem Zeitpunkt zu dem Schluss gekommen, dass der festliche Blowick für diesen Besuch verantwortlich sein musste. Er erhob sich würdevoll.

„Wozu sind wir –?" er begann.

Miss Chilvers , eine resolute junge Frau, hatte nicht die Absicht, dort zu stehen, während andere Leute redeten. Sie schüttelte ihren strahlenden Kopf und begann zu reden.

„Oh ja, ich weiß, ich habe kein Recht, hierher zu kommen, inmitten einer Menge völlig Fremder beim Tee, aber ich sage: ‚Richtig ist richtig und falsch ist falsch auf der ganzen Welt', und vielleicht bin ich das auch arm, aber ich habe meine Gefühle. Nein, danke, ich werde mich nicht hinsetzen. Ich bin übers Wochenende nicht gekommen. Ich bin gekommen, um ein paar Worte zu sagen, und wenn ich sie gesagt habe , werde ich gehen, und nicht vorher. Eine Freundin von mir las neulich zufällig ihren Daily Sketch und sagte „Hallo!" hallo!' und reichte es mir mit dem Daumen auf einem Bild weiter, auf dem stand, dass es sich um Lady Eva Blyton handelte, die mit Mr. Roland Bleke verlobt war . Und als ich das las, sagte ich „Hallo!" hallo!' Auch ich gebe dir mein Wort. Und da ich vor lauter Schock nicht sofort reisen konnte, bin ich heute vorbeigekommen, um einen Blick auf Herrn Roland Blooming Bleke zu werfen und ihn zu fragen, ob er vergessen hat, dass er zufällig mit mir verlobt ist . Das ist alles. Ich weiß, dass so etwas jedem Gentleman entgehen könnte, aber ich dachte, es wäre eine Erwähnung wert. Also jetzt!"

Roland, der im Schatten am anderen Ende des Raumes schwitzte, hatte das Gefühl, dass Miss Chilvers es übertrieb. Für so etwas bestand kein irdischer Bedarf. Eine einfache Ankündigung der Verlobung hätte völlig ausgereicht. Für ihn war es zu offensichtlich, dass seine Verbündete sich sehr amüsierte. Sie stand im Mittelpunkt der Bühne und hatte nicht die Absicht, ihn leichtfertig aufzugeben.

„Mein gutes Mädchen", sagte Lady Kimbuck , „rede weniger und beweise mehr." Wann hat Herr Bleke versprochen, Sie zu heiraten?"

„Oh, es ist alles in Ordnung. Ich erwarte nicht, dass Sie meinem Wort glauben. Ich habe alle Beweise, die Sie brauchen. Hier sind seine Briefe."

Lady Kimbucks Augen leuchteten. Sie nahm das Paket eifrig entgegen. Sie ließ sich keine Gelegenheit entgehen, kompromittierende Briefe zu lesen. Sie genoss sie als Literatur, und es war nie klar, wann sie nützlich sein könnten.

„Roland", sagte Lady Eva leise, „haben Sie zu diesem Gespräch nichts beizutragen?"

Miss Chilvers umklammerte ihr Mieder. Kinopaläste waren für sie eine Leidenschaft, und sie war im richtigen Geschäft tätig.

"Ist er hier? In diesem Raum?"

Roland schlich aus den Schatten.

"Herr. „Bleke ", sagte Lord Evenwood streng, „wer ist diese Frau?"

Roland stieß eine Art ersticktes Husten aus.

„Sind diese Briefe in Ihrer Handschrift?" fragte Lady Kimbuck fast herzlich. Selten in ihrem Leben hatte sie kompromittierendere Briefe gelesen, die besser waren, und sie war angenehm überrascht , dass jemand, den sie immer für einen farblosen Stock gehalten hatte, dazu fähig war.

Roland nickte.

„Nun, es ist ein Glück, dass Sie reich sind“, sagte Lady Kimbuck philosophisch. „Was verlangst du von diesen?“ Sie erkundigte sich bei Miss Chilvers .

„Genau“, sagte Lord Evenwood erleichtert. "Genau. Dein gesunder Menschenverstand ist bewundernswert, Sophia. Sie stellen die ganze Angelegenheit auf einmal auf eine sachliche Grundlage.“

„Stellen Sie sich für einen Moment vor ——?“ begann Miss Chilvers langsam.

„Ja“, sagte Lady Kimbuck . "Wie viel?"

Miss Chilvers schluchzte.

„Wenn ich ihn für immer verloren hätte –“

Lady Eva erhob sich.

„Aber das hast du nicht“, sagte sie freundlich. „Ich würde nicht im Traum daran denken, dir im Weg zu stehen.“ Sie zog einen Ring von ihrem Finger, legte ihn auf den Tisch und ging zur Tür. „Ich bin nicht mit Mr. Bleke verlobt “, sagte sie, als sie dort ankam.

Roland wusste nie genau, wie er den Towers entkommen war. Er hatte verwirrende Erinnerungen, in denen die Hauptdarsteller der Salonszene auf verschiedene, allesamt unangenehme Weisen auftraten. Es war ein Teil seines Lebens, über den er nicht weiter nachdenken wollte. Sicher zurück in seiner Wohnung erlangte er jedoch nach und nach seine normale Stimmung zurück. Tatsächlich fühlte er sich nun, da der Tumult und das Geschrei sozusagen verstummt waren und er sich frei über seine Position Gedanken machen konnte, deutlich glücklicher als sonst. Dass Lady Kimbuck für immer aus seinem Leben gestorben war, reichte allein schon aus, um für Fröhlichkeit zu sorgen.

Eines Morgens summte er fröhlich, als er seine Briefe öffnete; Draußen war der Himmel blau und die Sonne schien. Es war gut, am Leben zu sein. Er öffnete den ersten Brief. Der Himmel war immer noch blau, die Sonne schien immer noch.

„Sehr geehrter Herr“, (es lief).

„Wir wurden von unserer Mandantin, Miss Maud Chilvers , instruiert

Goat and Compasses, Aldershot , zur Einleitung eines Verfahrens gegen

Sie wegen Bruch des Eheversprechens. Im Falle deines Seins

Wir sind bestrebt, die Kosten und die Publizität von Rechtsstreitigkeiten zu vermeiden

angewiesen zu sagen, dass Miss Chilvers bereit wäre, anzunehmen

die Summe von zehntausend Pfund zur Begleichung ihrer Forderung gegen

Du. Wir würden dies zur Unterstützung ihres Falles, unserer Mandantin, noch hinzufügen

hat in ihrem Besitz eine Reihe von Briefen, die Sie selbst geschrieben haben

Sie alle haben starke Anscheinsbeweise für die Tat

versprechen zu heiraten: und sie wird darüber hinaus auch so nennen können

Zeugen zur Unterstützung ihres Falles , Lady Earl of Evenwood

Kimbuck und Lady Eva Blyton, in deren Anwesenheit, kürzlich

Datum haben Sie bestätigt, dass Sie versprochen hatten, unseren Mandanten zu heiraten.

„Ich vertraue darauf, dass wir im Laufe der Post von Ihnen hören.

Wir sind, sehr geehrter Herr,

Hochachtungsvoll,

Harrison, Harrison, Harrison und Harrison.“